图解谣言心理学

当理性个体成为乌合之众

◎［日］齐藤勇　编著
◎范志伟　姜力柯　译

中国纺织出版社有限公司

イラスト図解　デマの心理学
監修：斎藤勇
Illust zukai Dema no shinrigaku
Copyright © 2020 Isamu Saito
Original Japanese edition published by Takarajimasha, Inc.
Chinese simplified character translation rights arranged with Takarajimasha, Inc.
Through Shinwon Agency Beijing Representative Office, Beijing.
Chinese simplified translation rights © 2023 by China Textile & Apparel Press
著作权合同登记号：图字：01-2022-4543

图书在版编目（CIP）数据

图解谣言心理学：当理性个体成为乌合之众 /（日）齐藤勇编著；范志伟，姜力柯译. -- 北京：中国纺织出版社有限公司，2023.5
ISBN 978-7-5180-9775-3

Ⅰ.①图… Ⅱ.①齐… ②范… ③姜… Ⅲ.①谣言—社会心理学—图解 Ⅳ.①C912.69-64

中国版本图书馆CIP数据核字（2022）第146322号

责任编辑：柳华君　　责任校对：高　涵　　责任印制：储志伟

中国纺织出版社有限公司出版发行
地址：北京市朝阳区百子湾东里A407号楼　邮政编码：100124
销售电话：010—67004422　传真：010—87155801
http://www.c-textilep.com
中国纺织出版社天猫旗舰店
官方微博 http://weibo.com/2119887771
天津千鹤文化传播有限公司印刷　各地新华书店经销
2023年5月第1版第1次印刷
开本：880×1230　1/32　印张：5
字数：92千字　定价：56.80元

凡购本书，如有缺页、倒页、脱页，由本社图书营销中心调换

前　言

在新型冠状（新冠）病毒的威胁中浮现出来的群体心理

大多数人会把不安情绪通过传言或者谣言的形式传播开来。原本不可能被当真的谣言以及一些错误的处理方法，会像真正的事实一样被传播开来，作为应对，各家媒体、专家、世界卫生组织等都慌慌张张地否定谣言，这样的循环不断反复。

对未知威胁的恐慌，会轻易地夺去人们的理性判断力，从而让人轻易地掉入被谣言操控的心理状态。

但是为什么会有这么多人来来回回地相信这些不确定的谣言呢？

这样的传言或是谣言被散播的机制是什么？以及轻信、散播谣言的人们的**心中到底在想什么？这些疑问，都可以用心理学知识来解答。**

关于新冠病毒造成的这些骚动，当中是什么心理作用在动摇人们的内心呢？

人为什么会被谣言操控？

又为什么谣言会以迅雷不及掩耳之势被传播开来呢？

成为"群众"的人们的行动为什么会变得毫无道理呢？

"群体"是怎么样去影响"个人"的呢？

这本书，将在群体心理的范畴里，一边举例，**一边以存在于"群众"之中的独立个人的角度**去说明以上的一些问题。

齐藤勇

目 录

序章 "卫生纸要卖光了""热水能治新冠",这些谣言是怎样蔓延开的

01 "卫生纸要卖光了" ··································· 3
02 为什么老年人容易被煽动 ··························· 5
03 为什么难以抑制对感染者家属的歧视 ··············· 7
04 著名报社所报道的误导资讯"世界卫生组织(WHO)不推荐使用布口罩" ······························· 9
05 如果可以"深吸一口气,屏住呼吸 10 秒"的话,就没有被感染 ·· 11
06 "绿茶对预防感染是有效的"是毫无根据的谣言 ······ 13
07 "热水可以治疗新冠"是怎样传播开来的 ············ 15
08 超市里持续售罄的纳豆 ····························· 17
09 虽然体温降低免疫力也会下降是事实,但是反过来说却是错误的 ··· 19
10 "维生素有效"并没有被证明,而只是单纯的谣传 ···· 21
11 比起"80% 是轻症","20% 是重症"更加响亮 ····· 23
12 特定的矿石能将病毒分解的谣言 ··················· 25
13 假消息的扩散"新冠疫情导致病床满床、医疗系统崩溃" ··· 27
14 我明明很健康,怎么说我死了?为什么会有这样毫无根据的诽谤 ··· 29
15 大家对补助金的分配感到不满的理由 ··············· 31
16 "居家不外出(Stay home)"的政策使大家减少外出了吗 ··· 33

17 为什么在线聚会开始流行起来了 ……………… 35

第一章 人为什么会被谣言所操纵

01 "以防不测"是谣言扩散的原因吗 ……………………… 39
02 大灾难的创伤记忆被唤起时人们会变得不安吗 ……… 41
03 当出示了具体数据时人们会不由自主地相信 ………… 43
04 越否定谣言，就越觉得真相可疑的心理 ……………… 45
05 根据不确定的危险信息就能排斥他人是人类的本能吗 … 47
06 与众不同会使人产生不安情绪的心理学缘由 ………… 49
07 为什么被谣言操纵的人会展现出残忍性 ……………… 51
08 拥有了伤害他人的力量时会忍不住使用 ……………… 53
09 "老人会重症化"的报道反而促使年轻人外出的心理 … 55
10 把细节当真的一样来讲述会让对方觉得可以信赖 …… 57
11 恐惧使人们更容易关注负面信息 ……………………… 59
12 "别告诉别人"会让人更想要分享 …………………… 61
13 超过一定人数标准后，人们就会效仿他人 …………… 63

第二章 为什么谣言会以惊人的速度传播

- 01 传言在扩散的过程中依据会慢慢增加 —— 67
- 02 戏剧性的故事会引人入胜 —— 69
- 03 无法公开的资讯＋主观，会形成流言和谣言 —— 71
- 04 因"这是某人说的"而增加依据的机制 —— 73
- 05 "那个人也说过"会使信赖度提高吗 —— 75
- 06 "大家都在说"的说法也能提高可信度 —— 77
- 07 只要有人排队就有价值 —— 79
- 08 越难获得的东西越想得到 —— 81
- 09 紧急关头的记忆是不可靠的 —— 83
- 10 电视或者新闻在说谎吗 —— 85
- 11 "网上的信息比媒体更快"的幻想 —— 87
- 12 别人也在做的事情会让人觉得更加正确吗 —— 89
- 13 怀有恶意的信息拥有可怕的渗透力吗 —— 91

第三章 大城市里的人为什么会装作看不见他人

- 01 在人群中人们的性格会改变吗 —— 95
- 02 当不被问责的时候，人们不会去援助他人 —— 97
- 03 人们容易被多数派的意见所影响 —— 99
- 04 人是会服从权威的社会性生物 —— 101
- 05 网络暴力频发的缘由是什么 —— 103

06	引起恐慌的机制	105
07	遇到紧急事态也不避难的心理	107
08	想要回避敌人的攻击那就攻击同伴好了	109
09	被赋予职责的话，心怀不满的人也会活跃起来	111
10	赋予工作重大意义的话，人们会自觉采取行动	113
11	使用"确认"替换"命令"的表达，会使属下更容易听从	115
12	如何评价不愿合作的人	117

第四章 群体为什么总是朝奇怪的方向行动

01	当主张被贯彻的时候，多数派的决定也会被颠覆	121
02	从外部看来是可笑的，但在内部看来也可能是正确的	123
03	团体中为什么会发生考虑不周的情况	125
04	人会自然而然地服从组织	127
05	日本社会为什么会枪打出头鸟	129
06	"共同责任"就是没有责任，所以会出现偷懒的人	131
07	集体的意见会出现两极分化的原因	133
08	集体的决策是怎样慢慢地走向错误方向的	135
09	组织间的对立	137
10	即使人们发生亏损也会优先考虑组织的利益吗	139
11	有什么办法使少数胜过多数	141
12	会议时座位的变化意味着关系的变化	143
13	当被贴上"标签"时，自然而然地会像"标签"一样行动	145

结尾　群体心理学非常的简单、易懂吗　147

序章

"卫生纸要卖光了"
"热水能治新冠",这些
谣言是怎样蔓延开的

新冠病毒的扩散一度导致全世界陷入恐慌之中，日本国内同样是各种谣言纷飞，到底是怎样的内容引发了怎样的骚动呢？这些谣言为什么会扩散呢？这些问题出现的原因，事实上不止一个，而是由各种心理作用交织起来的！序章中列举了（日本）国内发生的一些事例以及造成这些事例的心理作用，接下来就一起来了解一下这些驱动人们行为的心理作用吧！

 "卫生纸要卖光了"

即使不相信谣言，也会去排队看看……

新冠病毒肆虐之际，由于各种社交平台（Social Network Software，SNS）上扩散出了"病毒传播会导致物资短缺"的谣言，日本各地发生了抢购卫生纸的事件。即使政府发出"卫生纸的库存是充足的"的告知，也没有任何作用，民众囤积卫生纸的行动仍愈演愈烈。

当然，看了新闻可以冷静判断出"这是谣言"的人不在少数。但是当看到排队购买的景象时，他们的信心还是被强烈动摇了，受"乐队花车效应"的蛊惑（P79）而产生了"我也得去买"情绪。这是当看到别人都在排队购买时，所产生的一种"无论如何我也想得到"的心理。与此同时，"同调效应"（P49）也会成为助力，使人们在与别人行为不同时产生不安情绪，结果还是排队买了卫生纸，然后回家之后又醒悟过来。像这样在不知不觉间被群体心理操纵的情况，是会发生在任何人身上的。

被环境迷惑，对自己的判断失去信心

乐队花车效应（P79）

别人都在做的事情自己也变得想做

同调效应（P49）

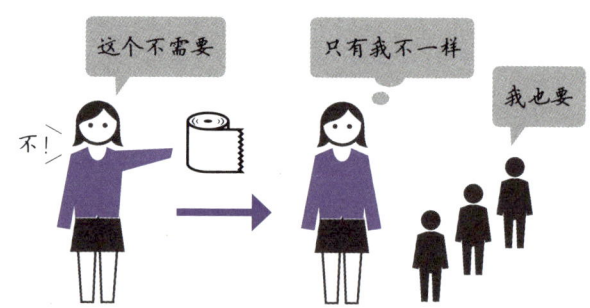

作为集体中的一员，会配合集体行为

＝

会成为抢购的一员

02 为什么老年人容易被煽动

同样的新闻报道，更容易引起老年人的不安

在由新冠病毒问题引发的抢购骚动中，在药店门口列着长队的身影大多是一些老年人。为什么老年人会更容易被谣言所操纵，从而愿意排长队去买口罩呢？这是因为他们除了受到一般的群体心理影响以外，还受到另一种高龄人群特有的心理的影响。

当然了，抢购的行为与上一节提出的"同调效应""乐队花车效应"有关，但是这次骚乱的初期，老年人对此次事件的过激反应还有别的理由。第一个理由是"老年人更容易重症化"的报道。对于主要通过电视获取资讯的老年人来说，反复的报道加剧了他们对于病毒的恐惧。第二个理由是，由于当下缺乏有效的治疗方法，所以在电视中登场的医学博士等专家提出的最基本的预防方法是"佩戴口罩"。权威专家产生的"晕轮效应"（P75），对于特别崇拜"医生"的老年人来说，更加增强了他们"绝对要买到"的想法。

排队、相信谣言并执行，老年人被操控的理由

老年人的心理状态

老年人容易重症化

好可怕

不安的原因
- 对于死亡的恐惧
- 对于生活的危机感
- 会增加孩子们的负担（牵挂）

↓

不能感染新冠病毒

＋

必须佩戴口罩

这是医生说的

这是必须的　一定要去买

晕轮效应

↓

权威人士的发言一定是正确的

↓

不安 ＋ 晕轮效应 ＝ 排队　药店

# 03 为什么难以抑制对感染者家属的歧视

由不安产生先入为主的判断,并深信自己的判断

陷入恐慌、非常不安的人,常常会因"想快点安心"而武断地给出答案,比如,先产生"一定是""是XX没错了"这类先入为主的判断,然后去指责他人、强加责任给他人,以获得自身情绪的一时平和。对于新冠病毒感染者家属的偏见、差别对待,就是由以上这些心情、情绪转变而来的。

"就是去了容易感染病毒的地方才会变成这样的""连感染的路线、容易感染的场所都没有确认,难怪会被感染,这都是自作自受",这些责备感染者的话,以及"家属肯定也被感染了""说不定飞沫会飞过来"的想法,是被想在人际交往上排挤对方的心理所驱使的。这也是群体所拥有的特征之一,其反映的是排挤与自己性质不同的对方来保持整个群体的一致性的"黑羊效应"(P135)。不接受医疗人员的孩子入内的托儿所,也是以"父母在感染概率高的环境工作"为根据,先入为主地认为孩子"可能已经被感染了"。实际上,这些用不正当的方式去排挤他人的做法,其本质是为了消除自己情绪上的不安。

想要消除不安的心情，造成了对他人的排挤

感染者及其家属被差别对待的理由

不安 ── 原因消除 → **不安解除**

　　　── 原因无法消除 → **用替代品来缓解自己的担心**

以疫情中的情况为例

↓

原因（病毒）无法消除

↓　　　　　　　↓

想远离感染者　　被感染是自作自受

偏见
家属=感染者！
咳嗽
感染者 —亲密接触→ 家属

先入为主的判断
他们肯定是晚上出去玩了
咳嗽
感染者 —亲密接触→ 家属

↓　　　　　　　↓

家属也一定被感染了　　家属也是自作自受

↓

将家属也排除在集体外

04 著名报社所报道的误导资讯"世界卫生组织(WHO)不推荐使用布口罩"

序章 "卫生纸要卖光了""热水能治新冠",这些谣言是怎样蔓延开的

新闻报道会操纵社会舆论

当今时代,社交平台和网络媒体每天都会产生数量庞大的信息。如普通人的微博等没有提供证据的信息也很多,但在网络上,信息往往会被快速传播。

2020年4月2日的新闻报道的例子正是如此,一家可信度高的媒体发出了一则容易招来误解的新闻,人们未经查证便把这条新闻当作了正确的资讯。这条新闻是对世界卫生组织发表的论文《布口罩不适合用于医疗现场的感染防治》的误解,使论文的内容泛化了。世卫组织(权威)发表的论文,加上可信度较高的新闻媒体,形成了"双重晕轮效应"(P75),导致"布口罩没用＝不戴口罩也不会有什么影响"的信息在社交平台上扩散开来。之后各路媒体推出了反证报道,美国的政府机构也推荐了使用布口罩,才平息了骚动。所以各个社交平台提供的内容即使是有根据的,也可能存在偏差,这是阅读这些报道时我们需要注意的。

互联网时代的信息容易成为有高可信度的"事实"

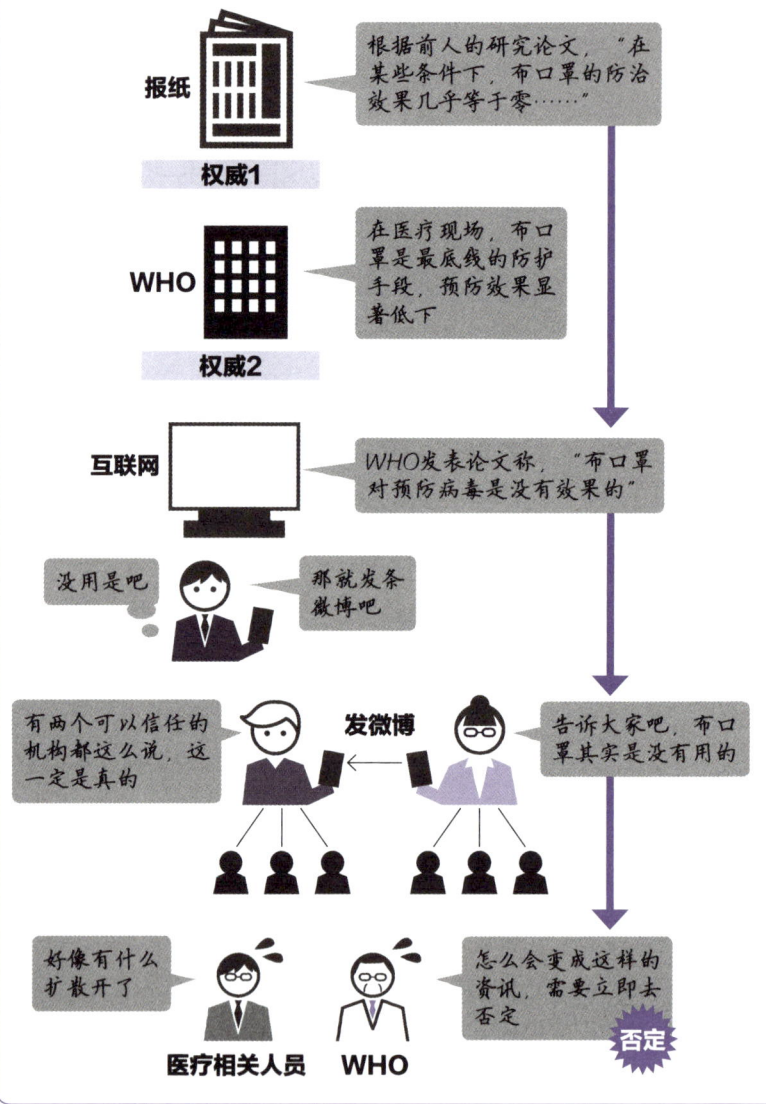

如果可以"深吸一口气,屏住呼吸10秒"的话,就没有被感染

提供具体方法会使可信度提升

日本爱知县宣传部的工作人员曾相信并公布过一则传言:如果可以"深吸一口气,屏住呼吸10秒"的话,就不会感染新冠病毒。在发布后不久,他们便撤回了公告并且公开道歉。这样的谣言会以以下的方式"成长"起来。

从最初"是不是××"的疑问开始,在对话中会变成"好像是××"的猜测。在下一次传播的时候会追加"××也是这样"的类似证据的表述(P67),或者添加一些权威证据"根据××"(P75)。

谣言在被传播的过程当中,为了能让人相信并且在之后传播出去,需要有令人信服的证据。这则毫无道理、胡说八道的病毒感染判定方法被广泛传播的原因之一就是"10秒"这个明确的数字。具体的数字会让谣言更可信(P57)。

不确定的信息若获得可靠性，扩散将无法被阻止

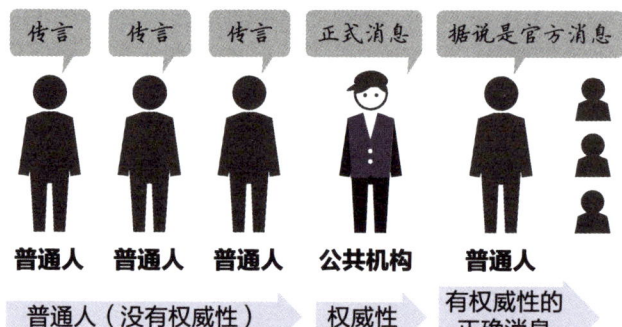

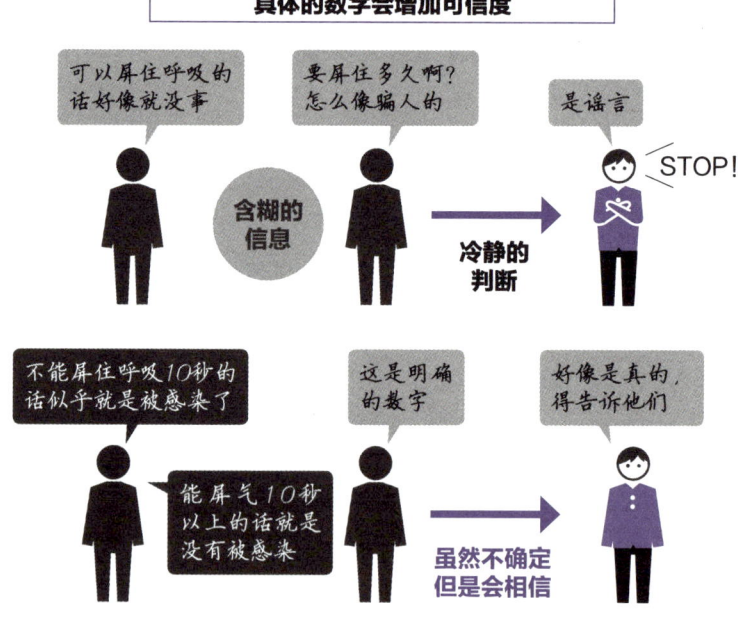

06 "绿茶对预防感染是有效的"是毫无根据的谣言

在过去被称为"正确"的事情并不是在任何时候都是正确的

我们所在的社会,对于像这次的新冠病毒那样"找不到对应办法"的新型威胁,会采取过度敏感的反应。努力抽离这种不安,谋求"能让人安心"的信息的行为(P7),是想要消除不安情绪的表现。这种不安的产物之一就是胡乱地将网上流传的"绿茶对流感的预防是有效的"与"新冠病毒与流感是同样的感染病症"等信息归结为"绿茶对新冠病毒是有效的"。

谣言扩散时的特征之一就是"信息的简化"(P21),最初的信息中记载的"还不确认对于新冠病毒是否有效"的内容在信息的传播中消失了,留下了容易被记忆的、可有效消除不安情绪的简洁短语,就成了谣言。

武断地认为相似的东西一定是相同的

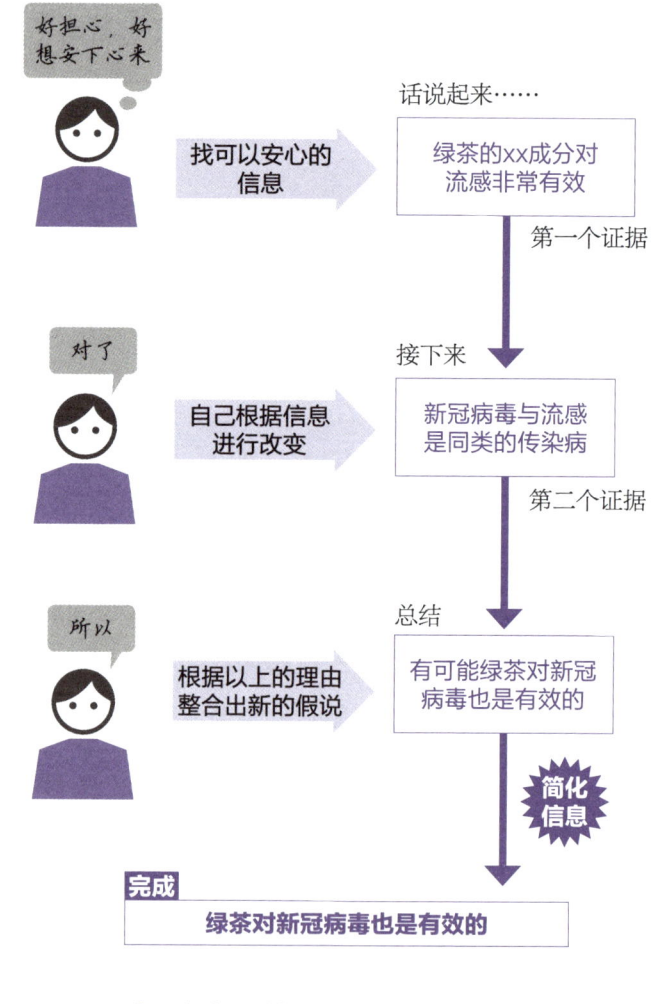

07 "热水可以治疗新冠"是怎样传播开来的

谣言扩散的最大原因是善意

谣言的扩散是一种社会现象,在此过程中不仅是带着恶意的谣言会被广泛扩散开。作为"击退新冠病毒的方法",在一瞬间就被扩散开的"热水可以治疗新冠病毒"的谣言,就是怀着善意被扩散开的谣言。

这些谣言的内容都是类似饮用"26~27℃""36~37℃""56℃"的热水可以有效杀死新冠病毒的模式,并与"护士""专家"这些权威关键词(P75)交织在一起。这些谣言的特点是通过社交平台进行传播,也就是熟人之间的口口相传。据说也有由电脑病毒传播的情况,但更多情况下是出于"想要让大家知道"的好意。从熟人口中得到的善意信息的可信度会比较高,从而成为这些信息被广泛扩散的原因。

饮用热水就可以治疗的话，病毒感染就不会发生

连热水的温度都众说纷纭

26~27℃ = 环境温度　　在这个温度下，病毒的活性会下降但是不会灭绝

36~37℃ = 体温　　在人的平均体温下，病毒的活性会升高

56℃ = 大致的标准　　病毒的活性大概会在这个温度停止（持续30分钟）

用常识思考就会发现，这不可能是真的

扩散的理由是……善意

既然这么简单

立即就可以尝试的方法

行为的原因是善意

邮件，社交平台

好不容易得到的消息就告诉他们吧

也不用多花钱

08 超市里持续售罄的纳豆

稀缺性原则使我们无法做出冷静的判断

受到新冠病毒的影响，变得稀缺的商品货物不止是卫生纸、口罩和酒精消毒液，在家中远程办公所需的摄像头、在家中消磨时间所需的游戏、防止运动不足的运动器械也变得稀缺了。与此同时，这些商品稀缺的消息被媒体报道，又将使更多的人想获得这些商品。纳豆也成为了这样的商品之一。

当了解到商品入手困难的消息后，人们会越发地想获得该商品，是因为受到了"稀缺性原则"的驱动（P81）。人们不会从随处可见的商品中感受到魅力，当商品变得难以得到的时候人们才会感受到商品的价值。这就是"逆反心理"。即使是平时完全不在意的商品，我们在听到"断货""缺货"的时候也会变得非常想要得到。

稀缺性原则经常会被"只有现在"这样的话语所启动，不仅是商品稀缺，"地域限定""只有今天""仅限会员"等关键词也会使其发动，从而使人们失去判断能力。

受到过剩的购买欲望的刺激，购入不必要的商品

平时根本不想要的商品，当知道是限定商品后，就会非常想买。人们会认为商品入手的困难度越高，价值就越高的现象被称为"稀缺性原则"

被稀缺性原则唆使而产生购买欲望，会使消费者失去冷静判断的能力

灵活运用稀缺性原则的例子

强烈刺激购买欲望的稀缺性原则经常在市场营销中被灵活运用。比如，配备摄像头的太阳眼镜——Spectacles在2016年发售的初期，只在随机出现于美国各地的自动贩卖机中贩卖，这使得许多人排着队也要购买

09 虽然体温降低免疫力也会下降是事实，但是反过来说却是错误的

序章 ——"卫生纸要卖光了""热水能治新冠"，这些谣言是怎样蔓延开的

现实世界中无法单纯互换

大家都知道"身体变冷会得感冒"是因为体温的下降会使得体内免疫系统的活力降低，到这里为止是正确的。但是在新冠病毒流行之际，我们可以看到各地医学博士们忙碌的身影，他们在努力地修正、否定以这条信息作为根据的谣言——体温上升的话免疫力也会随之上升。既然体温下降免疫力也会下降，那么反之，体温上升免疫力也会上升，这其实是偷换概念的行为。

这种只有一部分正确的信息，却被很多怀疑自己得了新冠的人相信了。现实中频繁发生本来身体状况就不佳的人却长时间洗澡，使得身体状况更加恶化的情况。生病时体温上升（发烧）是因为免疫系统比平时更加活跃，强硬地将体温升高会使免疫系统的活动受到阻碍，就会导致病情变得更加严重。这也提醒我们，如果不充分地去辨别传言的准确性，将会是非常危险的。

即使A→B，也不意味着B→A！警惕偷换概念

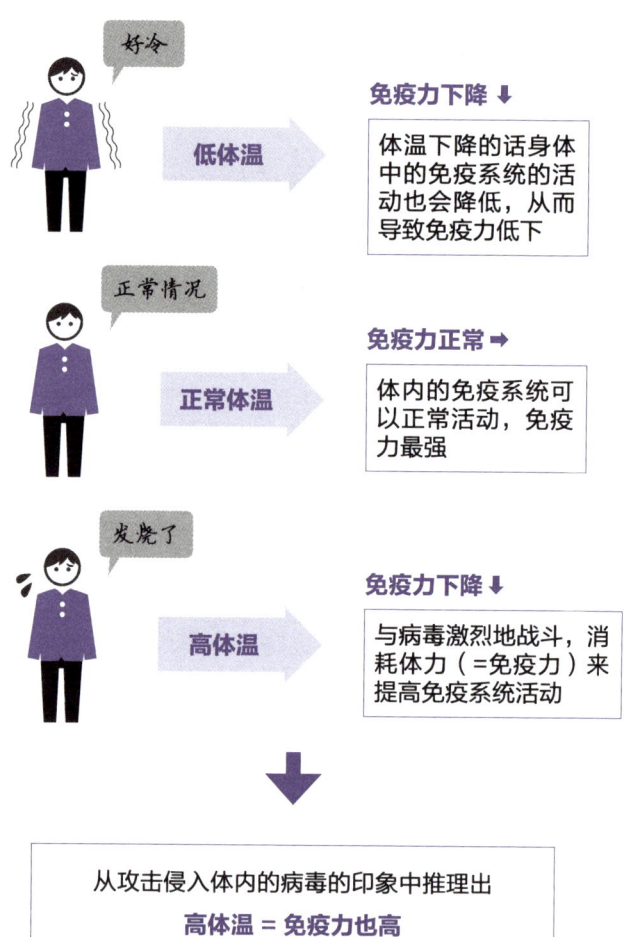

10 "维生素有效"并没有被证明，而只是单纯的谣传

序章 这些谣言是怎样蔓延开的 "卫生纸要卖光了""热水能治新冠"

类似的话累积得多了，就会成为谣言

"维生素C、维生素D对新冠病毒是有效的"这条谣言，是在"维生素对身体有好处"这个概括性说法后加上依据后传播开的。这是将维生素D对特定的流感有有限预防效果的论文结论，套用上"新冠病毒＝流感的一种"的公式后，作为依据的谣言。维生素D或者维生素C对新冠病毒有效之类的宣传语被简化后传播了开来。

像这样能让人轻信的谣言通常是非常具体并且真实的。这反映的是当某一信息中含有大量的具体内容时我们会更轻易地去相信它的心理（P57）。而且论文所具有的权威性（P75），也助力了这些谣言的传播。此外，"从医学的角度来说，维生素没有效果并没有被证明"（日本国立健康和营养研究所等机构）这种使用双重否定的表述，使其难以完全被否定，也助长了此谣言的恶劣影响。

与别的理论互相引证，而得到事实基础

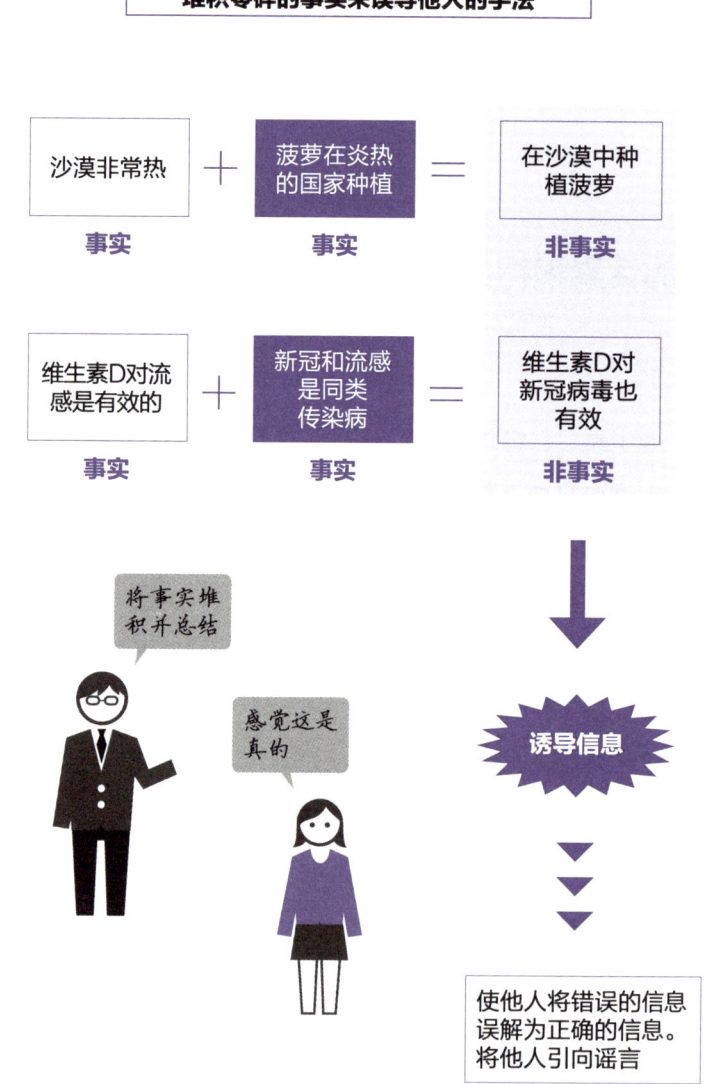

11 比起"80%是轻症","20%是重症"更加响亮

同样的内容用更容易留下印象的表现方式表现出来会更容易传播

就像"杯中还有一半的水"与"杯中只剩一半的水"一样,同样的事情用不同的说法,会给人完全不一样的印象。在新冠病毒的蔓延中人们被告知"感染者中的20%将会重症化",从而深深地陷入了不安情绪中。而且具体的数字会使信息显得更加真实(P43),加上新闻报道媒体的权威性效果(P75),最后人们反复地传播、接受这条信息,以致被煽动起了过于强烈的不安情绪。

此外,片面强调"老年人的重症化",只会导致年轻人错误地认为"年轻人不会被感染"。造成的后果便是无数无症状感染者频繁地走上街头,从而导致了感染范围的扩大。不仅是日本,像这样只报道感染的危险性,而年轻人的感染、死亡病例等信息被推迟报道的现象也发生在世界各地。

负面的言语更容易给对方留下印象

同样的事情，说法不一样给人的印象也会不一样

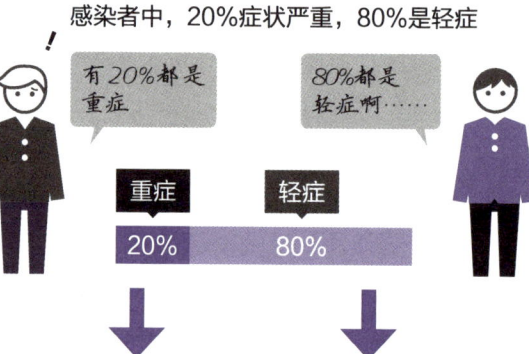

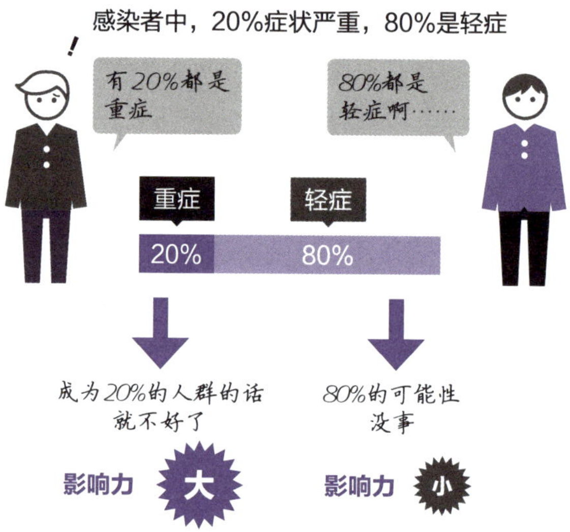

感染者中，20%症状严重，80%是轻症

"有20%都是重症"

"80%都是轻症啊……"

重症	轻症
20%	80%

成为20%的人群的话就不好了 —— 影响力 **大**

80%的可能性没事 —— 影响力 **小**

重症的大多数都是老人

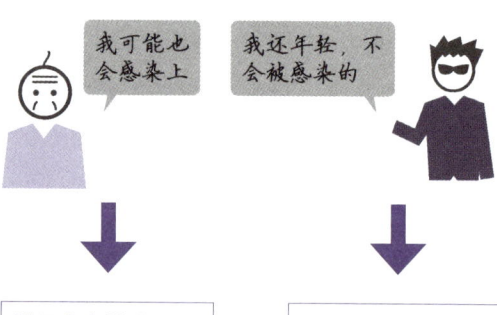

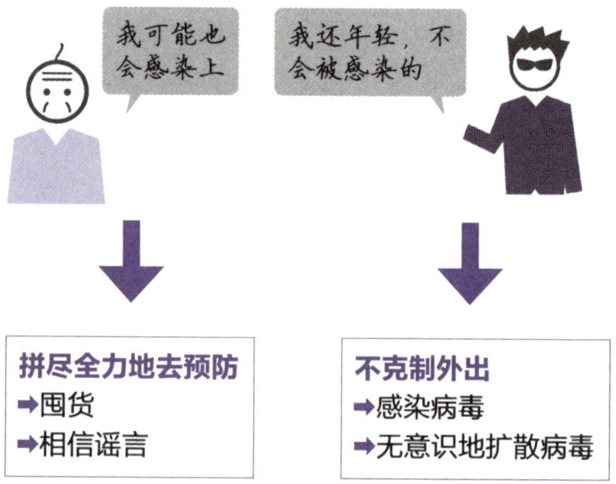

"我可能也会感染上"

"我还年轻，不会被感染的"

拼尽全力地去预防
➡ 囤货
➡ 相信谣言

不克制外出
➡ 感染病毒
➡ 无意识地扩散病毒

12 特定的矿石能将病毒分解的谣言

普通的石头被卖到几百元以上的异常事态

自古流传下来的民间疗法中有许多用常识无法理解的偏方，人们通常在尝试之前会思量、思考。但是"当没有发现有效治疗方法"的时候，就像这次新冠病毒一样，人们的恐惧就会导致"花岗岩对新冠病毒有效"这类谣言的扩散。

这条谣言先是逐渐由"特定的矿石有分解病毒的功效"的说法传出，然后发生了这些矿石在网络跳蚤市场上以几千日元的价格被卖出的事例，然而事实上这些矿石对病毒毫无效果。这条谣言的开端是一些相信"特定的矿石对身体健康有帮助"的博主，然后一传十、十传百地扩散，出现了"因为是那个人说的"而相信了的人（P75）。虽然很多人觉得这是荒诞无稽、不会放在心上的事情，但是会有一种"万一是真的呢"的心理在作祟（P69），这可以说是过多的信息使人失去判断力的典型事例。

序章　"卫生纸要卖光了""热水能治新冠"，这些谣言是怎样蔓延开的

完全不可信的事情若被多数人知道的话也会被相信

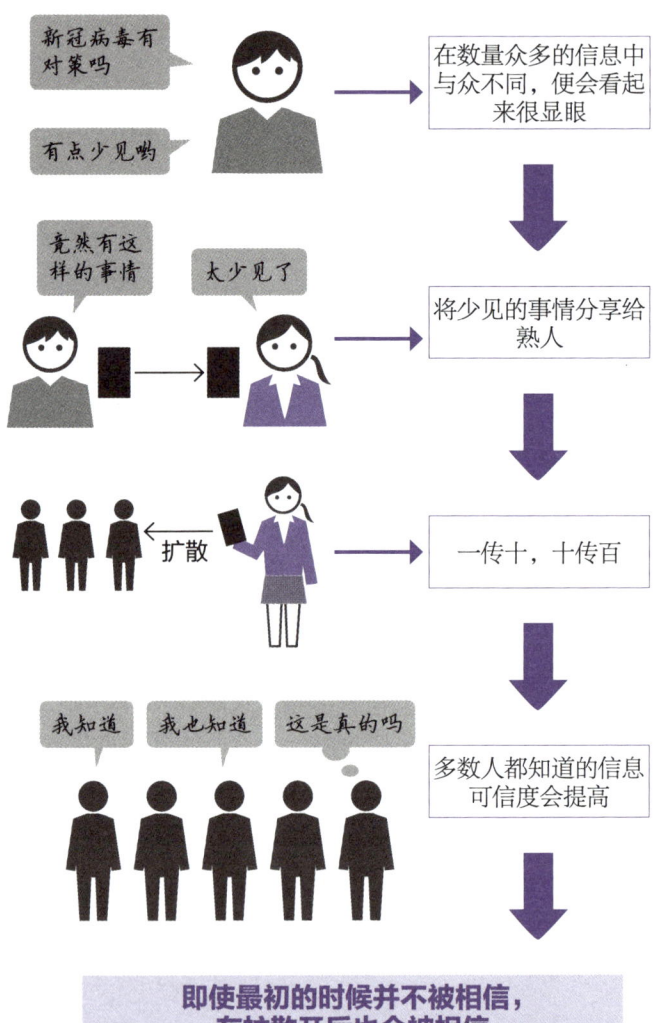

▶13 假消息的扩散"新冠疫情导致病床满床、医疗系统崩溃"

以犯罪为乐的"愉悦犯"的谣言助长社会整体性不安

序章 ｜"卫生纸要卖光了"｜"热水能治新冠"，这些谣言是怎样蔓延开的

　　社会不安渐渐高涨的时候，社会中往往充斥着各种谣言，其中有一类是助长不安的谣言。比如，当新冠病毒开始肆虐的时候，有人散播了"我是在医院工作的医疗相关人员，医疗系统也开始渐渐崩溃了"的谣言。专家、相关人员，包括一些熟人都被骗了，使得这条谣言多次被转发。类似这样散播不安、恶意的谣言会在传播中变得有据可循（P67），同时细节也会更加丰富（P69），变得更像真实的内容（P57），从而向更多的人散播开（P91）。

　　同时，同样的信息知道的人越多越有可信度（P77），并且难以追溯到最初的信息源更助长了人们的无责任转发（P95），这种"负增长"使得正确的信息更难被大家所了解。

　　以取乐为目的，导致谣言像计算机病毒一般迅速扩散，不论最初的目的是什么，对于我们来说，看到这类以恶意为初衷的谣言，以绝不散播的态度去拒绝是最好的对策。

从恶意的谣言中取乐的"愉悦犯"的"巧妙"方法

目的是让人们恐慌

无聊
后悔
生气

不满情绪
对社会的怒气
想被别人注意
但是没有任何
自主性

社交平台/互联网
不知道是自己的所作所为也会被散播

社交平台 方法：编辑"从别人那里听来的消息"

互联网 方法：匿名发送"据可靠消息"

好爽

操纵人们的全能感，
对于他人的攻击欲望

这些引起骚乱的话反响巨大

换言之 以精神发泄(发泄现实中不被关注的压力)为目的

14 我明明很健康,怎么说我死了?为什么会有这样毫无根据的诽谤

> 序章 ——『卫生纸要卖光了』『热水能治新冠』,这些谣言是怎样蔓延开的

情绪不安的时候更容易相信来自第三者的信息

新冠疫情肆虐之际,日本爱知县濑户市的体育用品商户遭受了无中生有的诽谤,导致商店暂时休业。作为店主的K先生明明身体健康,却因"身着防护服的人在店里消毒"这个错误传言的扩散而烦恼不断,甚至谣言的内容还包括K先生本人也由于新冠病毒去世了。即使K先生张贴了告示来订正这条错误的信息,但是由于"无风不起浪❶"这样荒唐的理由,顾客们不再光顾,导致了商店被迫暂停营业。

人们相信这则谣言的理由之一是"温莎效应",即比起被直接传达,从第三者口中间接传递的信息会更加容易使人相信(P73)。特别是当人们处于情绪不安的状态时,比起从当事人口中得知的信息,从第三者口中听到的信息的可信度会更高,人们因此更容易去相信谣言。附近的人们因新冠病毒而感到不安,从而轻信了关于体育用品商店的谣言。

---

❶ 原文为"火のないところに煙は立たない",即没有火就没有烟。——译者注

不确定的信息被扩散的话将会被当作事实

因诽谤性谣言受到巨大打击

因诽谤而受到伤害的例子 日本爱知县的K体育用品店

> 好像是那一家店

> 是我的店吗怎么了

K体育用品店

关于K体育用品店的谣言

"店主好像被新冠病毒感染了" "穿着防护服的人在店里消毒"
"店主好像不止感染了病毒，还去世了" "感染也向附近的人扩散了"

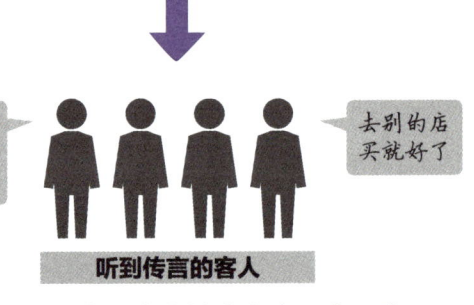

↓

> 如果是真的那就太可怕了，不去了

> 去别的店买就好了

听到传言的客人

即使谎言被否定，失去的客人也不会回来了

↓

受到诽谤后是非常难以从打击中恢复的

15 大家对补助金的分配感到不满的理由

民众在社交平台爆发了对政府应对新冠疫情政策的不满

如果社会整体的不安水平高涨，日本国民对政府的不满也会增多，在过去的历史中也常能看到这一现象。因人们对应对新冠疫情的政府政策感到不满，补助金的分配标准从"支付给申请者每人30万日元❶"变更为"向日本在住的民众每人支付10万日元❷"。

这事起初来自媒体关于"支付标准有偏差或者不公"的报道得到了民众的支持，而后以社交平台为首，国民们表达了对政策的不满情绪。由于有影响力的名人在电视等平台提出了异议（P75），把政策贴上了"只有一部分人得了好处，这是不公平的"的标签（P145），之后又形成了具有一定影响力的舆论，最后导致了政策的修订。在这一系列政策修改中也伴随着人们的猜测（P71）、谣言。在当今时代，无论内容真伪，只要通过社交平台这种新时代的获取、发送信息的工具形成了话题和舆论，最后就确实可以影响到政策的修订。

❶ 折合人民币约1.8万元。——译者注
❷ 折合人民币约6000元。——译者注

社会全体的不安情绪会使国民对政府的政策感到怀疑

明明是救济政策却受到责难

政府针对新冠疫情的救济政策

特定的家庭 30万日元 → 每个人都有 10万日元（受到批评后修改了内容）

非常不受欢迎

居民：
"不明白如何获得救助金"
"只有一部分人可以获得救济"
"即使申请了也不是马上就可以获得"

"这么做是为了获得特定人群的选票"
"不想增加财政预算所以把手续制定得很复杂"
"自己的财产信息已经被政府掌握了？"

大家都在反对

许多人都持反对意见，要求更改政策，强大的反对声音强化了人们的主张。

16 "居家不外出（Stay home）"的政策使大家减少外出了吗

各种标语和警示的传单会让政策更有效

针对新冠疫情，东京都首长小池提出了"居家不外出（Stay home）"的标语。大家对各个媒体和社交平台反复引用这条标语的日子应该记忆犹新吧。这条标语，使许多人，特别是使原本轻视新冠病毒的年轻人们，意识到了病毒的严重性，使人们的外出频率显著减少了。这就是标签化（P145）的心理效应促使人们行动的典型事例。

所谓"标签理论"就是"在人们身上贴上标签的话，人们会自然而然地配合标签行动"。鼓励居家行为的"居家不外出（Stay home）"标语使人们认为自己"只要待在家中就是一个懂得合作、有协调性的人"，而外出则会被认为是不懂合作的人，从而使大家更加配合政策。

随着"居家不外出（Stay home）"向越来越多的人渗透，其引发了群体的同调效应（P49），使自我约束不外出的人数增加了。从结果来看，东京都首长小池的群体心理的战略无疑是成功的。

容易使人产生整体感的标语改变了意识

从"别人的事"变成了"大家的事"

减少不必要、不紧急的外出？

外出也没有什么太大的问题吧

→

大家一起

得齐心协力去完成

一开始
没有强制性的自我约束要求反而会遭到反对，从而增加了外出，效果非常糟糕

开会后
产生"应该在家待着"的共同认知，也意识到"在家=与大家相同"

标语的效果

大家都知道的短语
→ 多数人都知道的短语，会让人产生"我也要待在家"的想法

我也要一起在家

凭感觉就能明白
→ 比起"自我约束减少外出"，"居家不外出（Stay home）"更能激发大家的主动性

在家里

同调效果

新闻报道与社交平台的反复要求 → "大家都这样我也要这样"

17 为什么在线聚会开始流行起来了

人们不归属于任何群体的话会感到不安

前文提及的"居家不外出"政策造成的直接影响便是许多职员需要在家办公的公司，积极引入了视频会议等远程办公的形式来开展工作。像这样的多人网络视频通话功能也在下班后❶被继续使用在聚会中。最初利用远程办公的方式来开展聚会的人非常少，之后经由媒体的介绍，这种"在大家面前碰杯"的形式打破了以往聚会的常识，使参与人数很快增长了起来。

实际上，在线聚会的流行是由多个心理机制所操控的。

首先，人具有与社会接触的习性。"居家不外出"政策使人们断绝了与社会之间的联系，会让人们感到不安，以至于产生了"即使隔着屏幕也想与别人产生联系"的情绪。其次，在线聚会使人们可以继续在团体中获得存在感，即使产生"好麻烦"这样的负面情绪，人们也会优先去参加自己所属的群体的聚会（P139）。

---

❶ 原文为"アフターファイブ"，即"5点之后"，意思为5点下班之后。——译者注

缓解孤独感的新交流方式

没办法"居家不外出"的例子

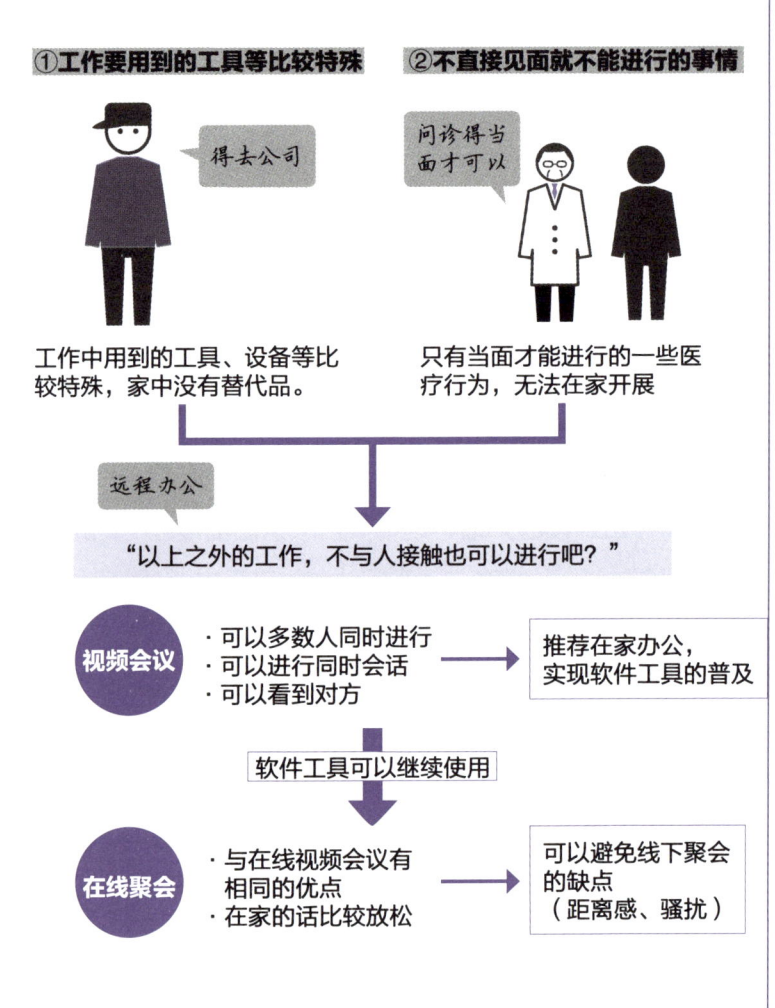

①工作要用到的工具等比较特殊

得去公司

工作中用到的工具、设备等比较特殊，家中没有替代品。

②不直接见面就不能进行的事情

问诊得当面才可以

只有当面才能进行的一些医疗行为，无法在家开展

远程办公

"以上之外的工作，不与人接触也可以进行吧？"

视频会议
- 可以多数人同时进行
- 可以进行同时会话
- 可以看到对方

→ 推荐在家办公，实现软件工具的普及

软件工具可以继续使用

在线聚会
- 与在线视频会议有相同的优点
- 在家的话比较放松

→ 可以避免线下聚会的缺点（距离感、骚扰）

可以加深与同伴间的联系，也可以回避一些麻烦，这些优势使线上聚会流行起来

第一章

人为什么会被谣言所操纵

被谣言所操控的每一个人的情绪活动，几乎都可以用心理学研究来说明。谣言一经解释当事者便会恍然大悟，但是在深陷情绪的漩涡之时，谁都不会察觉到自己被谣言控制了。我将会在这一章中解释这些心理变化。事实上，即使平时再冷静的人也会陷入混乱之中，那个时候采取这种行动的理由，以及那个时候"为什么做出这样的判断"的答案，你都可以在本章中找到。

恐惧

01 "以防不测"是谣言扩散的原因吗

对社会抱有不安情绪的人们陷入了恐慌

谣言是所有社会性恐慌的开始,1970年代的卫生纸骚动就是一起著名的事件。

1970年10月第四次中东战争爆发,原油生产国提高原油价格的行为,引发了第一次石油危机。物价大幅上升,日本民众也对此次的通货膨胀感到了焦虑、恐慌。

在这样的背景之下,社会中开始流传物资不足的传闻。人们虽然最初是抱着半信半疑的态度,但是当实际看到商店门口长长的队列时,就会担心"现在不买的话就惨了",导致与原油价格没有直接关系的卫生纸也遭到了抢购。

最初在日本关西地区发生的这场骚动,是由于电视以及报纸等媒体的报道而扩散开的。

当时正值从第二次世界大战后于1955年开始的日本高速经济成长期的末期。产生这种抢购行为是因为当时社会发展的方向不明朗,人们对未来抱有不安,从而对石油危机这种不可预测事件产生了戒备反应。

**就算最初对谣言是半信半疑的态度，
当看到抢购长队的时候也会不知不觉参与其中**

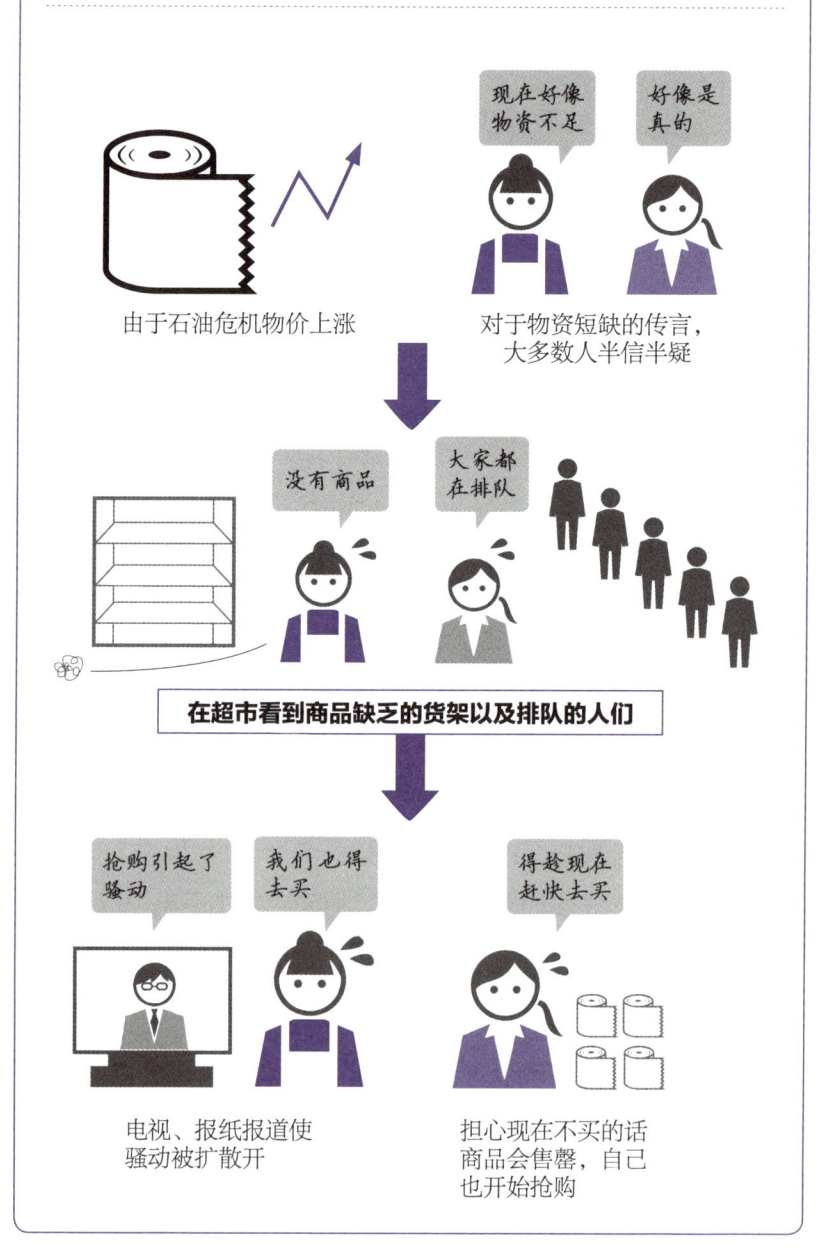

由于石油危机物价上涨

现在好像物资不足
好像是真的

对于物资短缺的传言，大多数人半信半疑

没有商品
大家都在排队

在超市看到商品缺乏的货架以及排队的人们

抢购引起了骚动
我们也得去买

电视、报纸报道使骚动被扩散开

得趁现在赶快去买

担心现在不买的话商品会售罄，自己也开始抢购

图解谣言心理学：当理性个体成为乌合之众

02 大灾难的创伤记忆被唤起时人们会变得不安吗

灾害的受害者以外的人们也会感到不安

在前文（P39）也提到了，人们之所以会相信不确定的传言，原因之一是怀有不安情绪。

比如，地震等灾害所引起的不安情绪非常强烈，即使那些在灾难中没有受到创伤的人们，也会从单纯的不安转变成被称为"震灾（地震灾害）抑郁"的抑郁状态。人们即使回到了正常生活中，也会由于"闪回"（心理学用语，经历过创伤的人会在脑海中不受自我控制地反复出现、回忆起极为鲜明的创伤画面、痛苦记忆）而不断回忆起灾难当时的情景而痛苦不堪。

因灾害而产生不安的，不仅是真正受到灾害影响的人们。就像看到阪神大地震❶、311日本地震❷的报道后，非灾区的人们也会产生"当自己受灾的时候会怎么样""面对这样的灾害自己什么也做不了""下一次可能会引起更严重的灾害"等想法，对灾害抱有无力感、罪恶感的人很多。

为了从不安情绪中逃离，人们便会轻信谣言，为了不轻易被谣言操控，做好充分的心理准备是非常有必要的。

❶ 当时主要在日本大阪至神户间的城市发生的地震。——译者注
❷ 也称东日本大地震，由地震引发的海啸对日本东北部个别县造成毁灭性破坏，并引发福岛第一核电站核泄漏。——译者注

从过于强烈的不安情绪中，产生了想去相信谣言的想法

因灾害而受到心理创伤的人，在之后的生活中心理创伤也会不断重现

受害严重

为什么自己获救了……

也会有即使实际上没有受到灾难伤害，但看到报道就会感到强烈不安的人

这可帮了大忙

放射性物质可以用碘预防❶

遭遇灾害时，由于急切地想从不安情绪中逃离，人们会轻信谣言或者一些不确定的消息

由于内心的反作用使之变成"震灾抑郁"

灾害被害者以外的人群也有可能患上震灾抑郁。比如，有一些尽力去帮助被害者的志愿者们在志愿活动时因情绪高涨变得精神过于亢奋，之后却由于反作用而变得抑郁。最后，提醒各位，当患有震灾抑郁的时候不要勉强，请向专家咨询

❶ 常用于消毒。——译者注

03 当出示了具体数据时人们会不由自主地相信

即使是不正确的信息，只要看起来好像有道理，就会被扩散开

要是对所有被扩散的谣言进行分类的话，其中必定会有包括具体数值的谣言。比如，"因为日本的辐射剂量基准值是世界卫生组织所规定的20倍，所以非常危险"的信息，是"311日本地震"发生后传播开的。但实际上，这是在辐射量短期内大幅增加的核电站事故发生时才使用的应急标准，因此上文的信息并不正确。不正确的信息被扩散，正是因为有了"20倍"这个具体的数字。

美国心理学家曾进行过一项实验，给被试呈现两篇内容分别为"大多数的失足少年在成年后会犯罪"与"80%的失足少年会在成年后犯罪"的文章，让其比较哪一个更有说服力。结果表明，在使用"80%"这个具体数字时，文章的可信度明显更高。

当信息中有"××%""在××天后""××物质"等具体的数据时，大多数人会不由自主地相信这些信息。

不正确的信息加入了具体的数字后会增加说服力

大多数不良少年会成为罪犯

真的假的啊

80%的不良少年会成为罪犯

感觉像是真的

04 越否定谣言，就越觉得真相可疑的心理

人们具有一种不相信正确信息的心理倾向

随着互联网、社交网络的普及，相比于过去，谣言能以更加方便、快捷的方式被散播出去。当然，修正后的正确信息也可以及时地发布。然而，多数情况下，谣言的受害者或者看穿谣言的一些人即使及时地公布了事实的真相，往往也赶不上谣言的传播速度。

之所以修正后的正确信息并没有被更好地传播开来，可能是因为人们对修正后的信息失去了新鲜感和好奇心，所以没有想要传达出去的意愿；也可能是心理学中所谓的"敌意归因偏差"在作祟。

敌意归因偏差是指将对方的言行归因于"敌意"的一种心理倾向，这在一些易怒性格的人身上会比较容易观察到。这类人即使发现自己信以为真的谣言被修正了，也会觉得"对方只不过又想撒谎，把事情搪塞过去罢了"，或者觉得"自己的失误被指责、被攻击了"。他们会认为对方的言行是怀有恶意的，而无法坦率地去接受正确的信息。

持有性恶论（人性本恶的观点）观点的人容易掉入的心理陷阱

敌意归因偏差弱的人

- 这个文件的数字错了
- 幸亏没有成为重大的错误，太好了

敌意归因偏差强的人

- 这个文件的数字错了
- 这是想让我出丑、来指责我的吧

敌意归因偏差强的人会认为对方的言行怀有恶意

敌意归因偏差者会在所有言语中都看到敌意

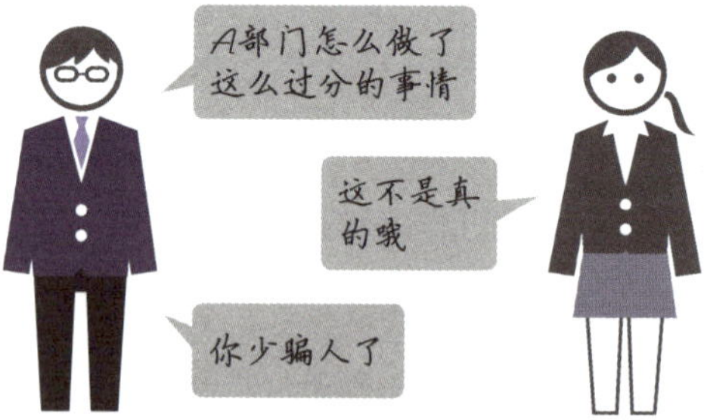

- A部门怎么做了这么过分的事情
- 这不是真的哦
- 你少骗人了

从修正谣言的行为中也能看出恶意，这就是敌意归因偏差

05 根据不确定的危险信息就能排斥他人是人类的本能吗

偏见产生谣言，引发更严重的歧视

"此次事件的犯人是外国人""外国人在受到灾害的地区盗窃"等，以对某一国家、人种的偏见为基础的谣言非常多。产生歧视的原因很多，而人们偏见的产生会加强歧视，导致恶性循环。

例如，第一次世界大战后的美国，黑人因被歧视无法加入工会。这一现象的出现源于这样的循环：原本在白人眼中有着"黑人会成为工贼❶，即使低薪水也会工作"的偏见，这导致被工会排除的黑人觉得"反正不能进入工会，更不用介意工贼行为"，间接造成罢工行动失败。最后导致白人加强了"果然黑人是工贼"的偏见，变得更加歧视黑人。"黑人是工贼"的偏见，导致了严重的歧视。现在对黑人的歧视，在世界范围内也是一个巨大的问题。如果相信"外国人会犯罪"的谣言，那么偏见就会被强化，最后产生歧视。

❶ 工贼，工人队伍中被资产阶级收买，出卖工人阶级利益，破坏工人运动的人。——译者注

由偏见产生的谣言会导致更强的歧视

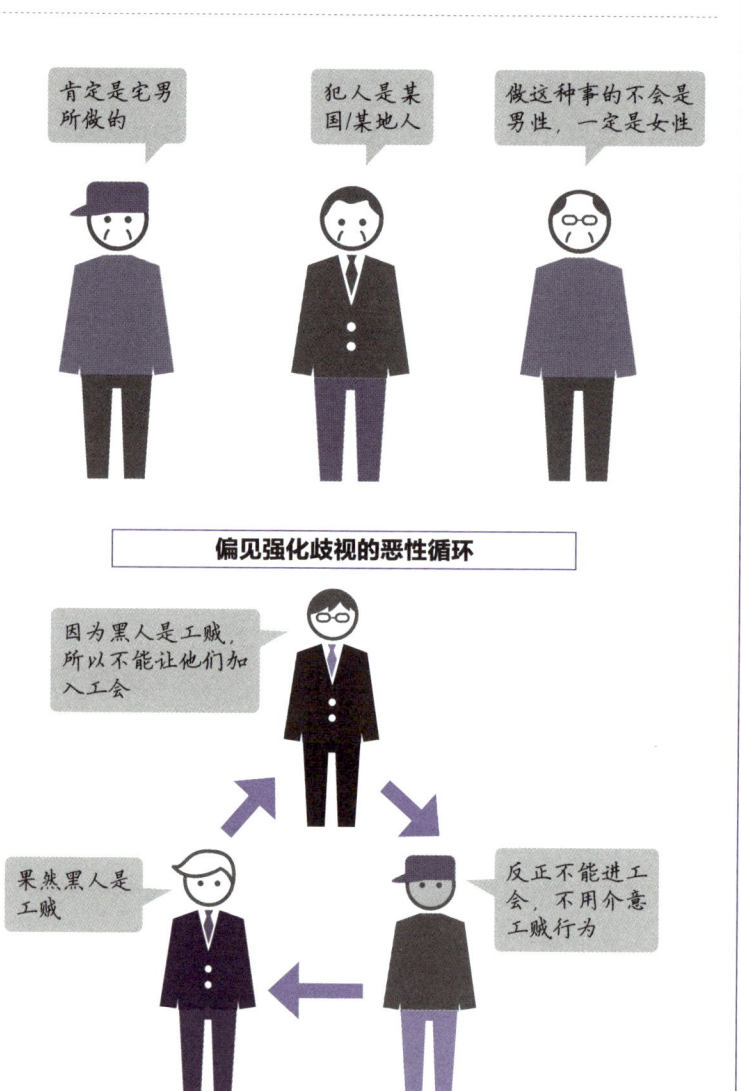

- 肯定是宅男所做的
- 犯人是某国/某地人
- 做这种事的不会是男性，一定是女性

偏见强化歧视的恶性循环

- 因为黑人是工贼，所以不能让他们加入工会
- 反正不能进工会，不用介意工贼行为
- 果然黑人是工贼

相信没有根据的谣言以及臆测的人们所采取的行动，导致传言以及臆测最终成为现实，美国社会学家罗伯特·金·莫顿把这种现象称为"自证预言"现象

06 与众不同会使人产生不安情绪的心理学缘由

即使是正确的意见，由少数派主张的话也会变得难以令人信服

　　社会上有一些否定疫苗等医疗手段的团体存在，类似这样的团体常常阐述一些无法称之为事实的主张，如"疫苗是危险的"，但是他们很少用科学的方法发出正确的声音。

　　他们难以发声的背景，涉及德国的政治学家伊丽莎白·诺艾尔·诺依曼所提出的"沉默的螺旋理论"概念。

　　这是诺依曼分析舆论与选举的时候得出的假说。它说明了感到自己拥有优势的一方声音会变得更响亮，感到处于劣势的一方则会因恐惧被孤立而导致自己难以发声，使得优势方的势头越发强大的同调效应过程。不仅是开头关于疫苗的例子，许多谣言都会在特定的团体中根深蒂固、不断被反复阐述。类似这样的谣言没办法被消灭的原因之一，是团体中产生了沉默的螺旋理论效应，否定谣言的声音无法传递到团体成员的耳中。

多数人的声音越大，少数人的声音就越难以发出

没有要求 | **咖喱** | **咖喱** | **拉面** | **拉面** | **拉面**

某一群人决定午饭吃什么的时候，起初想吃拉面的有3人，想吃咖喱的有2人，没有要求的是1人

▼

"虽然咖喱也行……" | "好难说啊" | "拉面比较好" | "绝对要拉面" | "拉面最棒了"

由于想吃拉面的一方占优势，想吃咖喱的一方很难说出主张

▼

"都可以，就拉面吧" | "……" | "……" | "拉面！" | "拉面！" | "拉面！"

咖喱派的沉默导致拉面派的气势更加强大，以致别的成员从众，多数派从而变得人数更多

07 为什么被谣言操纵的人会展现出残忍性

相信谣言后行为越轨的原本也是普通人

听说（日本）一些地区的民众为了保护自己免受新冠病毒的感染，结成了居家警察这样的自卫团体进行活动。

1923年，日本关东大地震中出现了许多死伤，不仅如此，当地还发生了惨不忍睹的虐杀朝鲜人的事件。该事件的导火索是人们轻信了震灾后扩散开的"朝鲜人在放火""向水井里投毒"等谣言，于是人们袭击了在日本居住的朝鲜人，并且实行了虐杀行为。实施虐杀行为的，正是那些轻信了谣言而组成自卫团体的普通日本人们。

思考自卫团体失去控制的原因时，我们可以从1971年美国斯坦福大学进行的"斯坦福监狱实验"中发现一些线索。这个实验是将21名大学生随机分组为看守者与罪犯，之后安排他们分别扮演相应的角色相处数周。他们不仅仅只是在进行角色扮演，看守者们逐渐变得会以各种各样的方法去虐待罪犯。由此可见，只是因为被给予了看守的角色，普通人就可能会变得非常残忍。

人们会因被赋予的角色和身处的环境而变得十分残忍

斯坦福监狱实验

"你们是囚犯角色"

"你们是看守者角色"

参与实验的学生由心理学家随机分配看守者与囚犯角色

角色不同有可能导致暴力行为

囚犯角色
自己原本的衣服被剥夺,穿上类似囚犯的衣服,称呼也从名字变为数字

看守角色
佩戴太阳眼镜,持有警棍(被禁止暴力行为)

"作为惩罚,做俯卧撑去!"

← 狂妄地胁迫

→ 变得无力,只能服从

实验前没有学生希望自己是看守者角色。即使是普通性格的学生被给予了看守者的角色,也会坦然地虐待囚犯角色的学生

08 拥有了伤害他人的力量时会忍不住使用

只要身边有武器，人就会变得暴力

上一篇（P51）讲述了普通人组成的自卫团体对当时居住在日本的朝鲜人的虐杀行为，社会心理学家里昂纳德·伯克维兹讲明了人变得具有攻击性的条件。

在伯克维兹进行的实验中，他调查了实验参加者对实验协助人员进行电击的次数。

实验参加者会遇到使人愤怒的实验协助者与不使人愤怒的实验协助者，并且被分为"在电击按键的旁边放了一把枪，并解释说这是实验协助者的枪""在按键旁边放了一把枪""按键旁边什么都没有放"3组。

实验数据显示，按键边被放置了枪的参加者会给予实验协助者更多次数的电击。这一结果说明，枪等武器在身边的话，容易诱发攻击性行为。上一节讲述的自卫团体成员也装备了日本武士刀与竹枪。也许是身边的武器成为这些人变得残忍的关键吧。

在身边放有武器的话，攻击行为容易被诱发

伯克维兹的实验

实验调查了实验参加者对实验协助人员进行电击的次数。实验参加者会遇到使人愤怒的实验协助者与不使人愤怒的实验协助者

实验协助者 — **第一组** — **实验参加者**

在电击按键的旁边放了一把枪，并解释说这是实验协助者的枪

按下按键的平均次数
生气的实验参加者：5.67次
没有生气的实验参加者：2.20次

实验协助者  — **第二组** — **实验参加者**

在电击按键旁边放了一把枪

按下按键的平均次数
生气的实验参加者：6.07次
没有生气的实验参加者：2.60次

实验协助者  — **第三组** — **实验参加者**

电击按键旁边什么都没有

按下按键的平均次数
生气的实验参加者：4.67次
没有生气的实验参加者：2.07次

实验结果表明，实验参加者附近有枪的话，其攻击行为频率会提高

09 "老人会重症化"的报道反而促使年轻人外出的心理

"说法不同"导致年轻人不畏惧新冠病毒

新闻反复报道说老年人感染新冠病毒会较容易重症化，而年轻人重症化的概率比较低，以至于大部分的年轻人对于政府减少外出的请求不予回应，甚至一部分的年轻人不畏惧新冠病毒的威胁，继续频繁外出。

年轻人并不是完全不会重症化，充其量也只是概率比较低而已。他们不畏惧新冠病毒是因为他们自己进行了对语言的转换，从而对事物的看法变得不同。当听到"手术会有40%的概率失败"时，我们会变得不安，当听到"手术会有60%的概率成功"时，就会产生积极的印象而比较安心。

一部分不恐惧新冠病毒的年轻人，当听到"年轻人也会有重症化的状况"的报道时，就会减少外出的频率。

只是改变说法，给人的印象就会发生巨大的变化

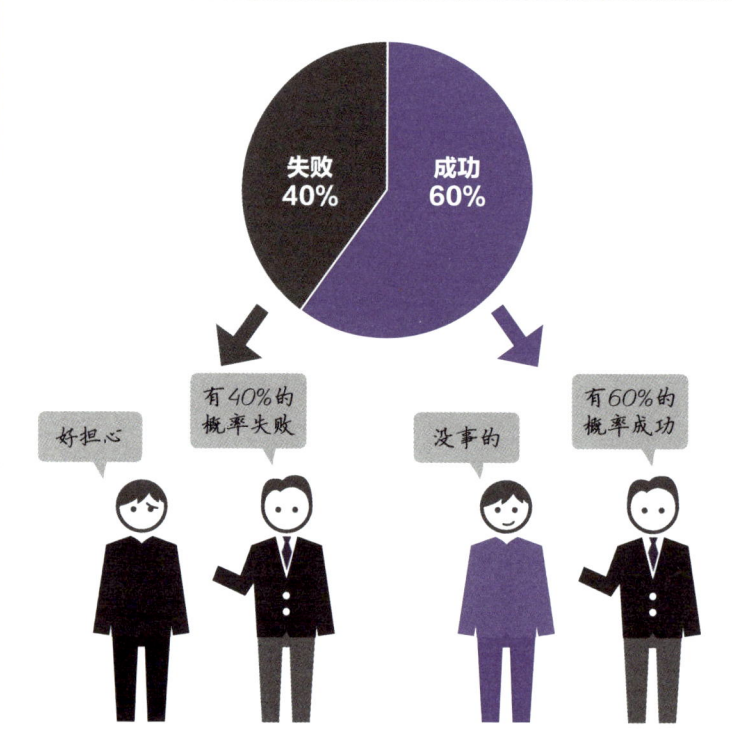

失败 40%　**成功 60%**

好担心　有40%的概率失败　没事的　有60%的概率成功

"60%的概率成功"与"40%的概率失败"，虽然是在说同一件事情，给人的印象却完全不一样。想让对方安心的话就使用前者的说法，想让对方担心的话就试试后者的说法吧

年轻人真的没有外出吗

媒体经常报道"年轻人不克制出门"，但是日本的财团进行了一项针对17~19岁年轻人的调查，结果87.4%的年轻人有自我约束外出的行为。"多数年轻人经常出门"也算得上是由媒体制造出来的错误信息

10 把细节当真的一样来讲述会让对方觉得可以信赖

话语中添加细节，会更容易让人相信

那些能让人轻易相信的谣言往往拥有大量真实的细节。故事中加入许多具体的内容后，听故事的人会有更高的概率去相信故事的内容，这一现象也在心理学实验中被证实了。

正是华盛顿大学的心理学者布拉德·贝鲁进行的实验，让我们明白了，当我们将具体的例子交织进故事中去时，故事的可信度将提高32%。

日本关东大地震的时候被散布的谣言也具有以上的特征。这个谣言通过连环信的方式被大家所知，"日本科斯莫石油株式会社（日本石油公司）爆炸产生的有害物质附着在云中，会与雨水同时落到地面，所以外出时，应随身携带伞具、雨衣，尽可能不要让雨水与身体接触"，类似这样的文章在当时很常见。

也有一些版本在上面的故事中添加了"与日本科斯莫石油株式会社相关的人员""从医师协会处收到了用传真发出的紧急联络"等信息。也许就是因为添加了这样的细节描写，才使相信谣言的人越来越多吧。

充满细节的谣言会有更高的可信度

> 居住在千叶[1]的人们

> 从医师协会收到了一条传真

日本科斯莫石油株式会社爆炸产生的有害物质附着在云中,会与雨水同时落到地面,所以外出时,应随身携带伞具、雨衣,尽可能不要让雨水与身体接触!

> 下周有天气预报说下雨

> 从在工厂工作的人那里听来的消息

> 请尽可能让更多的人知道

添加了灰色对白框中记载的细节的信息也开始传播了

在日本关东大地震发生后不久,对日本千叶县的日本科斯莫石油株式会社的炼油厂进行恶意诽谤的谣言就传播开了。这条谣言在被反复转送、传播的过程中,又被添加了各种各样的细节。这些细节也使谣言的可信度提高了

散播谣言的连环信

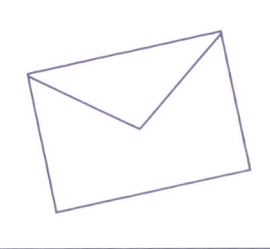

本节中介绍的日本科斯莫石油谣言是通过连环信扩散开的。连环信是含有鼓励收信人向其他人转送的特点的信件、邮件(也包括利用如今的微信等方式传播的"信件")。发生在2003年的挤兑日本佐贺银行的骚动事件,也是从连环信中"银行要破产"的谣言传播开始的

[1] 日本的一个县。——译者注

11 恐惧使人们更容易关注负面信息

以恶意为基础的内容会更容易刺激人们的情绪

像"以慈善家著称的名人A在灾害中捐助了1亿日元❶"这种不是因恶意而是因善意的预测所产生的谣言也会存在,但是一般而言,谣言伴随着恶意的情况比较多。恶意的谣言比较多是因为比起正面的内容,人们总是会更关注负面的内容。

我们经常看到的广告,会使用类似"如果生病了的话怎么办……"的内容来激发人们的恐惧情绪。美国宾夕法尼亚州的心理学家通过分析美国人气杂志中的广告发现,煽动人们恐惧心理的广告是最多的。

这样的广告运用了"负向框架"效应,用类似"不做××就会损失××元"等方式告知人们负面的结果,来煽动人们的恐惧心理。谣言与广告都同样地通过这种负面的表达方式来吸引人们。

❶ 约600万人民币。

负面的说法，会给对方造成较强的冲击效果

正向框架

瘦身的话会变得**健康**

反正没得病，没事的

负向框架

太胖的话会**生病**

现在立即开始减肥

虽然告知正面结果的正向框架，与告知负面结果的负向框架说的都是同一件事情，但是负向框架带给人的冲击更大，更容易获得注目

衰老　　患病　　贫穷

"生病的话……""上了年纪的话……""没钱了的话……"等激发人们恐惧感的词句在广告中频频出现，说明大多数广告都会使用负向框架刺激消费者

12 "别告诉别人"会让人更想要分享

人们会反抗对自己的意志与行动的限制

谣言有时候是以八卦的方式传播的。人们把从八卦中听到的消息告诉别人，这样八卦就被扩散开了。为什么人们会想和别人讲八卦呢？

人们被告知"咱只和你说的话，不要告诉别人"时，反而会想告诉别人。这反映的是"心理抗拒效应（直译，卡里古拉效应）"。简单地说，心理抗拒效应就是"越被禁止的事情越想做"的心理现象。心理抗拒效应源于1980年的一部美国电影《罗马帝国艳情史》❶。该片由于充斥着过激的暴力与色情，在美国的一部分地区被禁止上映。但正因为被禁，反而让人更想去一探究竟。最后人们挤满了电影院，使电影大卖。

当自己的意识与行动遭到了限制时，人们会感到压力，进而条件反射一般地去反抗。当被命令"别看！"时会越发想看，八卦也是被告知"别告诉别人"时才更想告诉别人。

---

❶ 在日文中心理抗拒效应称为カリギュラ，而电影的英文名为Caligula，即罗马皇帝卡里古拉，在日文中电影名与该效应读音相同。——译者注

越是被告知不可做，反而会越想做

心理抗拒效应促进行动

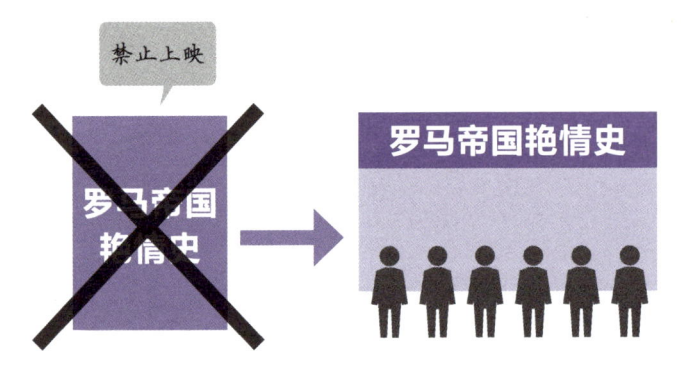

心理抗拒效应是指，被禁止进行某些活动的话，禁止本身会激发人们对所禁止事物的兴趣，从而使人们越发地想去做被禁止的事。《罗马帝国艳情史》由于内容过激，在美国的一部分地区被禁止上映，这反而吸引了更多的观众而使电影大受欢迎

心理抗拒举例

浦岛太郎的玉匣

浦岛太郎打开了被告知不能打开的玉匣，《白鹤报恩》中被告知"不能看房间里"的设定等，过去有许多故事中加入了心理抗拒效应

杂志的包装袋

杂志商为了杜绝"不买只看"的行为在杂志外加了包装。读者反而对内容更有兴趣，想一探其中的内容，从而购买了杂志

惊悚电影的宣传

宣传广告，也使用了心理抗拒效应。警告人们"心脏不好的人不要去看哦！"的惊悚电影也是其中之一

13 超过一定人数标准后，人们就会效仿他人

大家都在闯红灯，我也可以一起闯

被谣言操控去抢购的人们心里其实明白，抢购是不好的行为，但他们还是做了。人们为何会采取平时绝不会采取的行动呢？到底是什么样的心理机制在起作用呢？

请回想一下红灯时的人行横道。通行车辆较少的时候，我们虽然觉得可以穿过道路，但是由于平时都会遵守信号灯规则，所以内心会产生一定的抗拒。但当从自己身后穿过的人们一个接着一个地穿过人行横道时，自己内心是不是也慢慢地放下了抵抗，是不是也与他们一起穿过人行横道了呢？

一个人的时候有抗拒情绪，无法进行某些活动。但当做同样事情的人们超过一定的人数，我们将会做出同样的行为。这样的"一定数量"在心理学中被称为"临界人数（critical mass）"。

明知不对仍进行抢购的人们，也是由于看到了别人在进行抢购。同样，他们的行为会诱发更多的人产生抢购行为。像这样引起了连锁反应，行为就会扩散到更多的人身上。

超过一定界限的话，会突然变得可以行动起来

当人数超过一定界限的时候，自己也会采取相同的行动

> 别的人都闯红灯了，我也可以闯

有些人想在红灯时横穿马路，但会由于心理上的抵抗而停下脚步。但是当他的身旁出现一个人横穿了马路，然后又有一个人横穿了，随后再出现一个人横穿马路的时候，他自己就也会跟着横穿马路了。这种促使行动发生的人数（这里是3人），在心理学上被称为临界人数（critical mass）

超过临界人数的例子

不能在没有垃圾的地方丢垃圾，但是已经有非常多的垃圾被丢弃的地方，自己也会丢弃垃圾

> 我自己一个人的话应该没事吧

> 不能随便丢吧

什么是社会困境

像上述的扔垃圾的情景那样，当多数人选择维护自己个人的利益时，会产生对社会（所有人）的负面影响，这种现象被称为"社会困境"。社会困境在社会中很常见，如破坏环境、违法停车等。当有超过临界人数的人们采取行动时，就会给社会带来负面的影响

第二章

为什么谣言会以惊人的速度传播

俗话说"坏事传千里",谣言与传言会一瞬间就扩散开来,而且内容也会随着扩散中加入的新信息而变得更具体化,使其可信度增加。这个过程引起了社会心理学家的兴趣,他们研究了在这一过程中诞生于人内心的各种心理效应。谣言会如何传播,传播的时候发生了什么?关于交织在一起的多重心理效应的关系性,大家可以在这一章中一探究竟。

01 传言在扩散的过程中依据会慢慢增加

开始时含糊不清的谣言会慢慢变得可靠起来

前文（P57）介绍了关于日本科斯莫石油株式会社火灾的谣言事件。谣言在扩散过程中，渐渐地，"可靠的依据"被加了进来。根据评论家"荻上Chiki"做的调查，地震发生约1小时后，出现了"石油联合企业火灾好恐怖……有害物质好可怕啊"的博文，之后大概2个小时后出现了"由于日本科斯莫石油株式会社火灾的影响，水溶性液体好像泄漏了！千万不要淋雨，请使用口罩等防具防护"这种将火灾与降雨结合的博文。

最初只是"好像是××"的类似传言口吻的句子，最终却变成了"有害物质与雨水一起下落"的陈述句，"医师协会""在现场的工作人员""消防""厚生劳动省"❶等资讯要素也被添加进来，使谣言拥有了依据。

除了这条谣言外，肆意使用一些名人、大学或者政府行政机关人员的名字，使谣言的内容看上去更加可信的例子也屡见不鲜。

---

❶ 日本的厚生劳动省是负责医疗卫生和社会保障的主要部门。——译者注

不断丰富的依据，使人们更容易轻信谣言

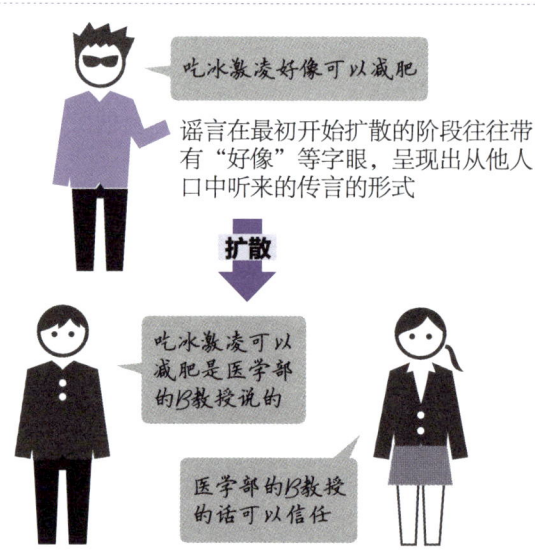

> 吃冰激凌好像可以减肥

谣言在最初开始扩散的阶段往往带有"好像"等字眼，呈现出从他人口中听来的传言的形式

扩散

> 吃冰激凌可以减肥是医学部的B教授说的

> 医学部的B教授的话可以信任

在扩散的过程中任意使用有权威的人名使谣言获得可信度的模式也很常见

> 我可没说过那样的话

> B教授是骗子

> 就算吃了冰激凌也不会瘦

被使用名字的人去否定谣言需要付出非常多的努力。日本关东大地震的时候，日本筑波大学的名字被用于散播"从筑波大学收到通知，大约1小时后茨城县（筑波大学所在县）也会被辐射"的谣言。筑波大学在官网上否定了以上谣言

谣言终结

02 戏剧性的故事会引人入胜

移情作用会使我们相信故事内容

在扩散谣言时所使用的连环信（鼓动收信人向其他人转送的信件）是从20世纪70年代流行的"不幸书信"进化而来的。连环信的一个代表例子，是一位男子为了寻找被诱拐后不知去向的女友，而请求大家协助的信。这封信的特征是最初的发件人在信中用文字描写了"我"与不知去向的女友的故事：由于两周都无法与女友取得联系便报了警，但调查很快就终止了，不久后就收到了女友被监禁的照片……像这样充满故事性的内容，是推动谣言扩散最大的原因。

加拿大心理学家谢巴特（Jean-Charles Chebat）曾做过一项实验，分别以正常的讲授形式和戏剧形式说服学生预防疾病，结果后者成功地说服了更多的学生。戏剧性会更容易使人代入情感，使我们更容易去理解。另外从记忆心理学的角度，清晰的故事内容会作为情节记忆被记住，这类记忆更容易被记住，且能被长时间保存。

说话内容中含有故事性的话，会说服更多的人

非戏剧性的说服

疾病的预防是重要的

戏剧性的说服

要是认真地预防疾病的话，我的恋人也不会死了

疾病预防真的很重要呢

电视广告也常使用戏剧性的效果

加拿大蒙特利尔管理学院的谢巴特实施的劝导学生进行疾病预防的实验，证实了戏剧性的内容会更容易说服别人。内容像戏剧一样展开的电视广告也利用了这样的效应

03 无法公开的资讯+主观，会形成流言和谣言

传言中包含人们的意见与愿望

第二次世界大战前的日本，实行了对言论的完全统治。言论是没有自由的，想表达的事情不能表达。人们想表达的内容就会以传言的方式流传。特别是战争中或者灾害后，当社会面临巨大危机的时候，就会有大量的传言在社会上流传。

这可以说是民众的意见与意识在通过传言的方式进行传播。也许传播中的谣言包含了民众无法公开表达的意见与愿望。

人们无法表达的愿望与意见会以谣言的形式传播

拥有言论自由

反对战争

政府是错误的！

没有言论自由

好像有士兵从前线逃走了

这个战争好像没有意义

不允许有批评战争的言论

在言论统治下，人们的意见与愿望会以传言的形式传播

战争中的传言研究

战争时期的日本，传言也成为政府的监管内容。此时出现了许多对政府不利的信息和意见的传言。第二次世界大战期间，美国的心理学者们通过实验收集数据，对信息传递以及传言等进行了研究

04 因"这是某人说的"而增加依据的机制

与本人相比，从第三者口中获得的信息令人觉得可信度更高

为什么即使毫无根据，人们也会相信传言呢？事实上，人是一种与从本人口中获得的信息相比，更能从第三者传递的信息中感受到可靠性的生物。这在心理学中被称为"温莎效应"。即使A从业者向B公司猛烈地自我推销"我能完成这样的工作"，B公司也只会觉得"他只是为了获得这份工作而自夸"。但是从与A没有利害关系的人物C口中听到"A做事非常认真"这类的话，B公司的负责人就会觉得这些信息是可以信任的。

被称为定影液效应（与温莎效应相似）的心理也驱使我们去相信传言。这是一种个体在内心思考的事情从别人口中听到后，会感觉到"自己的想法果然没有错"，从而强化自己想法的现象。这个效应会使人们即使知道传言是假的，也仍去相信。

与从本人口中得到的信息相比，从第三者口中得到的信息更值得信赖

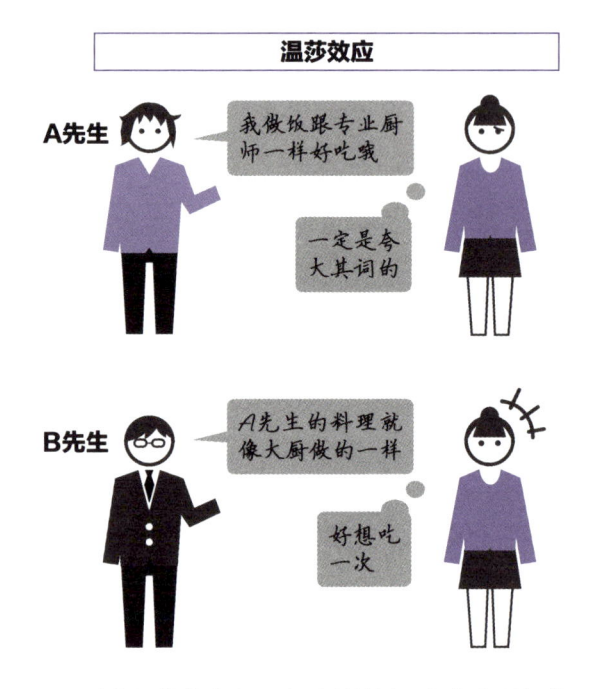

温莎效应

A先生：我做饭跟专业厨师一样好吃哦
（女）一定是夸大其词的

B先生：A先生的料理就像大厨做的一样
（女）好想吃一次

不会相信从本人口中听到的话，但很容易相信从第三者口中听到的话，这种心理效应被称为"温莎效应"。不安的时候，尤其会轻信从第三者口中得到的信息，也会轻信谣言

温莎效应这一名字的由来

红衣女谍

"温莎效应"的名称出自艾林·罗马诺内斯的真实自传《红衣女谍》中的温莎伯爵夫人。她在这本书中阐述了"第三者的夸赞是最有效果的"

05 "那个人也说过"会使信赖度提高吗

我们会轻易相信专家等权威人士的话语

商务人士在工作演示的时候经常使用的一个技巧，就是利用别人的权威性。

比如，销售商品时不用自己的话来宣传商品的优点，而是打着名人或专家的旗号宣传"专家××先生也非常喜爱我们这款商品""××大学的××教授也非常推荐这一款商品"。社会上流传的各种谣言其实也利用了权威人士、各行业专家的威信。

日本关东大地震的时候，传出了含有"农林水产省发布了""在防卫省工作的丈夫的朋友""从××大学得到的通知"等内容的谣言。

"因为是专家说的话，所以一定没错。""由于政治家等大人物都开始避难了，所以一定是发生了灾害。""因为是电视台的朋友偷偷告诉我的，所以即使大众还不知道这件事，也肯定没错。"听到谣言的人会如此思考，就像谣言是有依据的一样。

权威会给予谣言依据，使人们相信

今年会有大地震

这种话谁会信啊

人们不会相信没有依据的谣言

利用了权威的例子

由于发生了地震，连政治家们都去避难了

A大学的B教授说会发生地震

会认为"专家说的肯定是真的"

让人认为："因为是社会中的权威人士都会做的行为，所以是真的"

动物都在逃跑是地震的预兆

从电视台的朋友那里听说要发生地震

民间流传的动物的异常行为与灾害有关的说法，也使谣言获得了某种权威性，产生了"依据"

会认为"因为是还没有公开的内部消息，所以是真的"

06 "大家都在说"的说法也能提高可信度

即使是毫无根据的谣言，也有成为现实的危险

即使听说了谣言，大多数人也不会相信谣言的内容。没有依据的谣言可信度也很低，人们不会上当。

给予谣言可信度的依据之一就是"大家都在说"。即使不是专家或者权威人士，仅仅是大多数人都相信的谣言，可信度也会提高。即使预言不是真的，大多数人也会相信并且付诸行动使预言成为现实的现象被称为"自证预言"。

有一家不怎么赚钱，但也不至于倒闭的餐厅。如果大多数人都觉得这家餐厅"这家店没什么人气啊，会倒闭吧"，行动上也不去那家店，那么最后的结果就会是餐厅真的倒闭了。多数人即使没有确信的理由，只是在心里思考预言"会倒闭吧"并因此付诸了相应的行动，预言也会成真。所以说，即使最初毫无根据的谣言，在有些情况下也可能会成为现实，这是非常危险的。

某人随意说的话成为现实

自证预言

错误的预言

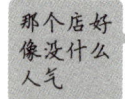

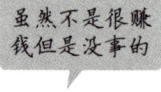

- 那个店好像没什么人气
- 虽然不是很赚钱但是没事的
- 好像要倒闭了

相信预言并付诸行动

- 这家餐厅好像要倒闭了,还是去别的餐厅吧
- 客人怎么都不来了
- 好像要倒闭了

预言成真了

- 果然倒闭了
- 还是关门吧
- 果然倒闭了

即使预言是错误的,但如果大多数人相信并且付诸行动的话,也会导致预言成真,这便是"自证预言"

07 只要有人排队就有价值

认为"大家都在传播就有价值"

在当今这个时代，人们可以通过社交平台获取大量资讯，其中也包含许多谣言。即使错误的信息也会引起许多人的关注并被扩散。这是因为人们会追逐被大多数人支持的事物，这被称为"乐队花车效应"。"乐队花车效应"是个体以事物是否在社会上流行以及周围的评价作为判断标准的心理活动。某件事的价值不是由自己去确认的，而是以"在大多数人眼中是否具有价值"来判断的。在社交平台上只要大多数人在扩散、转发，有些人就会觉得"这条消息有价值，要让大家都知道"，从而自己也参与转发、扩散。

与乐队花车效应相反，存在一种"大家都在做的话，自己就没有兴趣了"的想法，这被称为"虚荣效应"。

大家都在追求的事物，
会被更多的人追求

乐队花车效应会吸引更多人加入排队

有这么多人在排队，一定很好吃

乐队花车效应是美国经济学家哈维·莱宾斯坦提出的，反映的是由多数人支持的事物会引发人们争相追捧的现象。比如，排着长队的店与没有人排队的店，人们会觉得排着长队的店更有魅力，这就是乐队花车效应

乐队花车效应也影响着选举

候选人A有着压倒性的优势

大家都支持的话一定是可以相信的

乐队花车效应会影响选举的结果。当报道某位候选人有着压倒性的优势时，这位候选人就会获得更多的支持

在游行中打头阵的乐队花车

乐队花车是行驶在游行队伍的前列、乐队所乘坐的车辆。奏响音乐、热热闹闹的乐队花车后面会聚集越来越多的人，这种随大流聚集起来的现象便是"乐队花车效应"

08 越难获得的东西越想得到

缺货、断货的商品会让人觉得更有价值

突发灾害时，经常会发生抢购现象。疫情感染扩大时，卫生纸、口罩等众多的商品都进入了缺货、断货的状态。我们推测，购买这些商品的人们是被"稀缺性原理"所驱动的。稀缺性原理是对于数量稀少或者机会难得的物品，我们会感到更有价值的一种"抗拒心理"现象。

从店员口中听到"只限定3个""所剩不多""一天限定30份"等语句的时候，你的心中是否会有想买的冲动呢？在买衣服的时候，明明并没有特别喜欢的，但是当问到"有M尺码的吗"，店员的回答是"在这里的是最后一件了"的时候，你是不是会很想得到这件衣服？这都是被稀缺性原理所驱动的。发生抢购现象，并不是因为人们需要这些商品，而是因为商品所剩无几的情况会刺激人们的内心。

消费者被稀缺性原理所操控，而进行了消费

因"限定"而感到了稀缺性

- 成为APP会员的话可以打九折
- 被吸引
- 仅限今日
- 这是仅剩的了

"限期特供""数量限定""限时优惠"等具有限定性的物品会促使稀缺性原理产生作用，让我们感到物品有更高的价值。会员限定服务的商品，也是其中一例

- 针对会员
- 限定
- 只有现在

深谙此道的商家会以对稀缺性原理抵抗较低的人群为目标，一次又一次用不同的方式鼓动他们。例如，从会员优惠中感受到稀缺性从而加入会员的消费者，被面向会员的邮件中"限定10个"的标语所煽动，"被迫"买下了商品

09 紧急关头的记忆是不可靠的

错误的记忆或者认知也有可能产生谣言

有一些谣言是因为有人在故意散播错误信息而产生的，也有一些谣言是因为错误的记忆以及认知所产生的。特别在紧急状况中时，人们的认知能力和记忆力其实是不可靠的。

在心理学实验中，给被试观看汽车相撞的视频，并问他们汽车相撞时和之后的情况，他们往往倾向于认为汽车相撞时的速度比实际的更快。并且其实车窗并没有破碎，但多数人会觉得发生冲撞时车窗碎了。

在别的实验中也得到了同样的结果。让学生们去记述两名实验协助者在大学课堂上发生口角时的状况，其中许多学生记述的内容是错误的。

也就是说，面临事故、特殊事件或者灾害等特殊紧急事态的时候，人们了解到的信息大多数都是不可信的。像这样由错误的记忆所产生的，却被人们认为是正确的信息形成的谣言也非常多。

当遭遇事件或者事故的时候，人们的记忆、认知是不可信的

发生口角的两名男性

"手里拿着刀"

"被打的那个人都流血了"

实验1：有两名实验协助者在大学课堂上发生了口角，教授阻止后，让别的学生记述实验协助者发生口角时的状况，许多学生没有写出实际发生的事情，或者写下了实际没有发生的事

发生碰撞的汽车

"以每小时80千米的速度行驶的"

"车窗都碎了"

实验2：给实验参加者观看汽车发生碰撞的视频，然后提问"碰撞速度为多少"，多数人的回答比车的实际速度更快，并且虽然车窗没有破碎，但回答"车窗破了"的人也占多数

10 电视或者新闻在说谎吗

不信任感或者嫉妒会造成各种各样谣言的产生

　　谣言和传言中隐藏着人们的情感。在新冠病毒肆虐的状况下，人们觉得口罩不足是因为"政治家留给自己"，或者不认可电视中播报的新闻，并觉得"电视台受制于政府，是不是没有播报真实的信息"。这样的不信任感也是谣言产生的原因之一。

第二章　为什么谣言会以惊人的速度传播

陷入苦境的人们所散播的传言中包含着各种各样的情感

战争中的传言表现出人们的不信任感

日本军连胜

日本好像投降了

在军队好像连马都能吃砂糖

那个人好像在偷偷地运送米

人们所传播的传言中有很多都不是事实，但是传言可以表达出人们所隐藏的情感。特别是言论被管制的战时流出的传言，包含着人们的种种不信任感与其他情感

在美国也有类似的传言

在第二次世界大战中的美国，流传着与日本类似的传言。例如，"海军在纽约港倒掉了多达3台货车分量的咖啡"的传言，其实也是从对军队浪费的怀疑中产生的

11 "网上的信息比媒体更快"的幻想

从网上获取的信息是有偏颇的

现如今,谣言几乎都是通过社交平台等互联网手段传播的。在互联网用户之间,网络信息的传递比过去的媒体更加快速,而且互联网还给我们一种印象,即我们可以从中掌握一些无法通过传统媒体传递的信息。

但是,在互联网中人们会更容易与意见相近的人接触,在互动中会出现只接受自己喜欢的信息的倾向,继而产生对自己有利的意见被不断强化的危险。这样的现象源于"错误共识效应"(P117)。同时人们还会被"自利性偏差"所驱动,从而倾向于认为成功是自己的功劳,失败却是他人或者环境的责任。通俗点说,就是对自己宽容,对他人严厉。

在这种心理倾向下所获得的信息的真实性是无法判断的,如果只是通过自己是否可以从中获得愉悦来判断信息,就意味着人们容易被谣言所骗。

自利性偏差是无法做出
正确判断的原因之一

互联网将那些相近的人联系起来

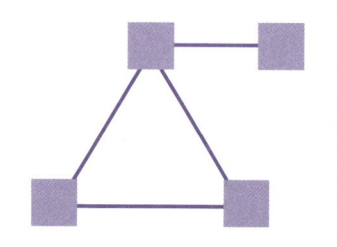

喜欢动作电影　　　　　**喜欢恋爱电影**

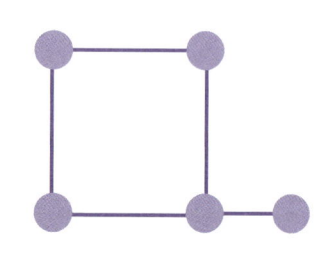

虽然互联网平台可以帮助我们与任何人取得联系，但实际上我们倾向于接近与自己的想法、兴趣相似的人。比如，喜欢动作电影的人会聚集起来，喜欢恋爱电影的人也会聚集起来。在这样的环境下，我们只能接收到自己喜欢的信息

自利性偏差

因为我努力了，所以考试成绩变好了

附近在施工，实在太吵了，所以没能集中精力学习

把成功归为自己努力的结果，但是失败的时候，会倾向于考虑自己以外的原因，这被称为"自利性偏差"。这样的心理使我们无法做出正确的判断

12 别人也在做的事情会让人觉得更加正确吗

反对多数人的意见并否定谣言，是很困难的

去否定已经扩散开了的谣言是非常困难的。当大多数人认为"A是B"的时候，即使一部分人认为"A是C"，但能够贯彻这个想法的人也只会是极少数。

有时候，人们会觉得"不想破坏当场的气氛"，所以会配合认同周围的意见。另外，我们会因"多数人都觉得是B的话，B应该是正确的"的心理而改变立场，变得怀疑我们的判断。

众多心理学实验也证明了人们会遵从大多数人的意见。

在美国心理学家进行的实验中，研究者让实验参加者选一个自己喜欢的颜色。实验中会有数名实验协助者，他们每次都会选择相同的颜色。实验结果显示，大约31%的实验参加者会选择实验协助者们共同选择的颜色。在许多人相信谣言的情况下，类似这样的被从众效应驱动而相信谣言的人也不在少数。

由于从众效应，我们会倾向于遵从多数派的意见

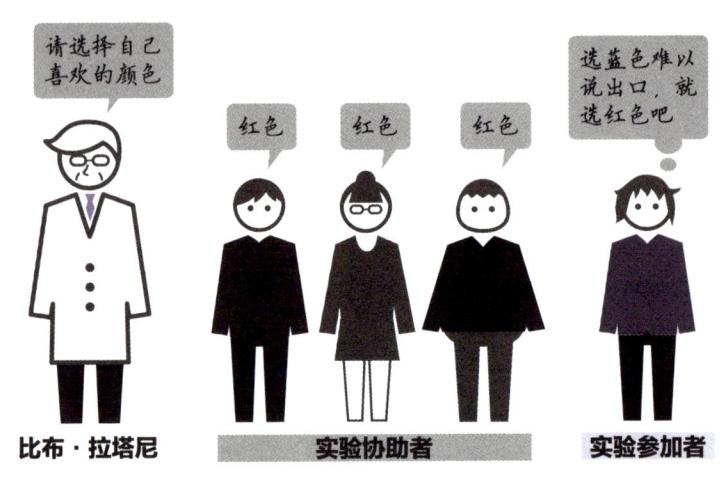

> 请选择自己喜欢的颜色

比布·拉塔尼

红色　红色　红色

实验协助者

> 选蓝色难以说出口，就选红色吧

实验参加者

心理学家比布·拉塔尼进行过一项实验，任务是让实验参加者选择自己喜欢的颜色。多名实验协助者被指示选择相同的颜色，大约31%的实验参加者选择了与协助者相同的颜色

从众效应被分为两种

信息影响

> 与大家一样的话一定没有错

认为别人的判断是对的，并将该判断纳入自己的思想和行动中

规范影响

> 因为不想被讨厌，所以穿一样的吧

觉得只有自己的行为与大家不一样的话会被别人讨厌，因此采取了与大家同样的行为

13 怀有恶意的信息拥有可怕的渗透力吗

越是恶意的传言越会长期扩散

在发生灾害或者战争之际,往往会出现各种各样的传闻、谣言。人们在面对危机时,会难以判断信息的正确性。而且,越是充斥着恶意的负面信息越有在长时间广泛扩散的倾向。揭示了这个现象的是美国的心理学家弗兰克·麦克安德鲁(Francis T. McAndrew)。麦克安德鲁设计了一个完全虚构的传言来进行实验。他将这条消息扩散,调查了传言的传播方式,得到了"传言会在同性间扩散""越是恶意的传言越会长时间流传"的实验结果。正如谚语"坏事传千里"一般。

在互联网上流传的谣言中,恶意攻击特定的个人或者集团的"憎恶系"谣言也不在少数。即使谣言当事人发出了否定的声音,谣言也会继续扩散。要知道,在平时谣言就已经很难澄清了,而想要在紧急事态的时候澄清流传的谣言,更是难上加难。

怀有恶意的话更会在人群中扩散

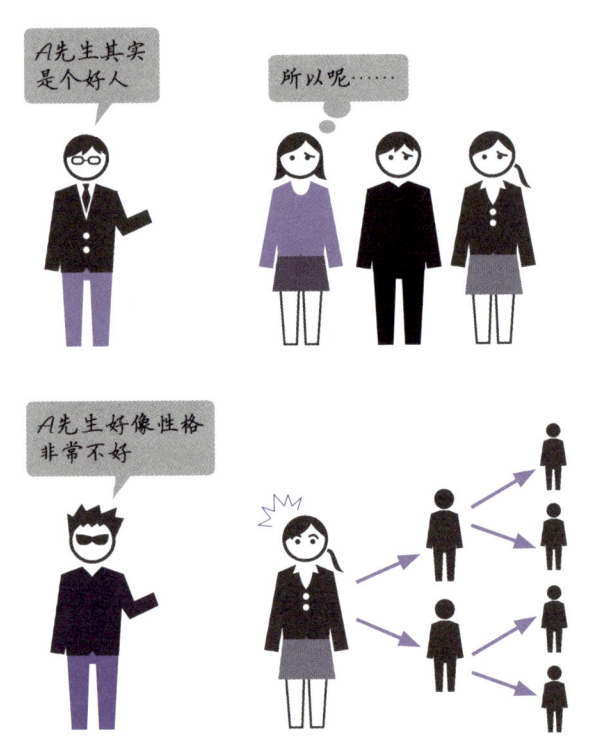

> A先生其实是个好人

> 所以呢……

> A先生好像性格非常不好

坏话比好话更容易扩散。另外,传言在同性之间更容易扩散

传言越被传播,越会变得夸张

在被传播的过程中,传言会被逐渐添加上各种各样的内容,变得夸张。心理学家高尔顿·威拉德·奥尔波特进行的实验证明了此项假说。即使最初只是一个可有可无的传闻,但当进入了大多数人的耳中,这个传闻也会有变大的危险性

第三章

大城市里的人为什么会装作看不见他人

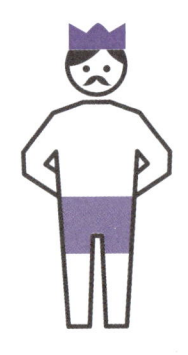

谣言与社会不安有着紧密的联系。另外，通过前文的论述我们还明白了，在紧张状态下的人际交往中产生的心理效应会对谣言的传播产生巨大影响。这是因为，在恐慌状态下任何人都会产生不安情绪，并在人际关系中感受到压力，这使谣言更易扩散。理解人际关系中的心理效应，可以使我们尽量避免在类似状况下手忙脚乱。

01 在人群中人们的性格会改变吗

在人群中我们会变得罪恶感淡薄并且毫无责任感

谣言的出现会引起恐慌。与新冠疫情相关的谣言也引发了暴乱。

希腊北部村庄中的酒店接收了流亡的难民后,由于相信了"难民会散播病毒"的谣言,250名当地人强行侵入了酒店并在酒店放了火。

我们可以推测,由于群体心理的驱动,参加暴动的当地人个体原本无法实施这些行为,而在组成群体后采取这些行为就变得可能了。

受群体心理驱动,民众采取异常行为的风险会增加。由于处在与周围人一体的集体当中,人们会更容易做出自己无须承担责任的行为。另外,进入没有熟人的群体中可以获得匿名性,也会淡化罪恶感,从而让个体原谅自己的犯罪行为。与周围人一体化会使人的情绪高涨,也促使了他们成为暴徒。相信谣言的人们组成了团体后获得了群体心理,从而引发了暴乱。

在集体中，会做出违反正常道德标准的行为

群体心理的3个特征

① 一体感

与周围的一体感使得个体情绪高涨。如果是在演唱会现场或者体育比赛现场的话没有任何问题，但在暴动中，由于无法冷静思考，群体性暴乱行为难以被阻止

② 无责任感

与有规则的组织不同，人群中是没有规则的，并因此产生了无责任性

③ 匿名性

在群体中，个体会觉得多数人并不认识自己，自己的身份被隐藏起来了。这会造成个体的罪恶感淡薄，使其放手去行动

02 当不被问责的时候，人们不会去援助他人

当周围有许多人的时候责任感会变得淡薄

上一篇（P95）解释了存在于集体中的个人的无责任性。在1964年纽约发生了虽然拥有大量目击者，但是没有人上前救助的女性被杀事件。这位女性在自己家门口被暴徒袭击，遭到刺杀。这个时候公寓的多数居民都意识到了有骚动，但是谁都没有去帮助这位女性，也没有人报警。

事件的目击者为什么不去帮助被害女性呢？从心理学上来说，这并非因为他们冷漠，而是因为当有许多目击者的时候，大家会认为"自己以外的其他人会去救助的""已经有人报警了吧"。而当目击者只有自己一个人的时候，人们就会觉得"我不去帮一下不行"。也就是说当许多人在一起的时候，人们的责任感会变得淡薄，会成为旁观者。这样的心理效应被称为"旁观者效应"。

人数不多的情况下人们会感受到责任，从而参与救助活动

旁观者效应

目击者多的时候

啊！

总会有人去救的吧

总会有人去报警的吧

在1964年的纽约，一名女性被暴徒袭击了。与这位女性居住在同一幢公寓的数十人目睹了事件的发生，但他们谁也没有伸出援手，谁也没有报警

目击者少的时候

啊！

得去救她

得报警

当目击者多的时候，路人受"旁观者效应"驱动，责任感会被淡化；目击者少的情况下，他们发起救助行动的可能性会更高

03 人们容易被多数派的意见所影响

即使知道正确的答案也会选择服从周围的人

当有A与B两个选项的时候，即使内心想选A也会介意周围的气氛而选择B，有这样经验的人不在少数吧！根据情况，有时即使一眼就知道B是错误的选项，人们也会去选择。

证明了这一现象的是美国心理学家所罗门·阿希的实验。这个著名的实验被称为阿希从众实验。这项实验在1955年发表，实验参加者有6人，他们共同接受了"比较线段长短"的测试。虽然测试的内容非常简单，但事实上实验参加者的6人中有5人是实验协助者。通过实验他得到了这样的结果：如果实验协助者全员一致地故意选择了错误的选项，那么真正的实验参加者也会选择错误的选项。普通情况下这项测试的正确率为99%，而由于被实验协助者影响，测试的错误率达到了32%（正确率为68%）。虽然美国人被认为有特立独行的特质，但很明显，他们也会被多数意见影响而选择错误的回答。

身边的人都选择错误的回答时，自己也无法做出正确选择

阿希的从众实验

实验者向参加者展示了一条作为基准的线段，以及三条和基准线段比较的线段，参加者需要从三条线段中选出和基准线段一样长的那条。这是道在普通情境下回答正确率99%的题目。

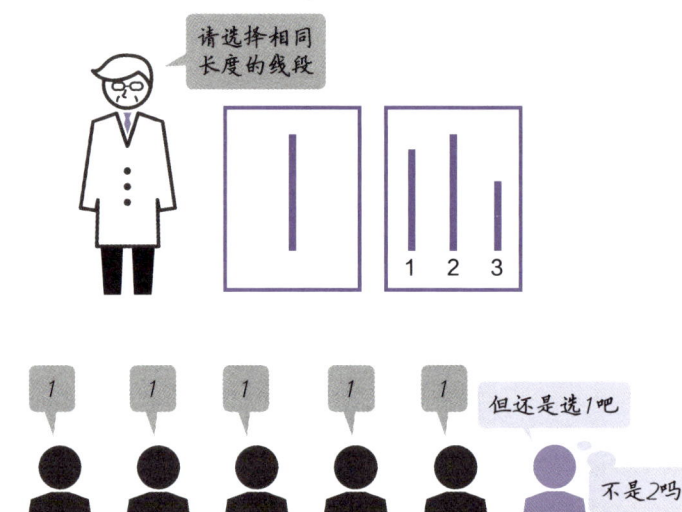

请选择相同长度的线段

1 2 3

1 / 1 / 1 / 1 / 1 — 但还是选1吧 / 不是2吗

实验协助者 / 实验协助者 / 实验协助者 / 实验协助者 / 实验协助者 / 真正的实验参加者

6人中有5人为实验协助者，真正的实验参加者只有1人。如果实验协助者故意选择错误的回答，那么实验参加者也会选择同样错误的回答，回答错误率为32%

1 / 1 / 2 / 1 / 1 / 2

实验协助者 / 实验协助者 / 实验协助者 / 实验协助者 / 实验协助者 / 真正的实验参加者

即使只有1位实验协助者给出了正确的回答，实验参加者也不会被从众效应影响，错误回答率降为5.5%

04 人是会服从权威的社会性生物

无视自己的罪恶感而采取行动

人们误判的原因之一，是在某些情况下，人们有着遵从权威指令的心理倾向，哪怕这些指令其实是不道德的。美国心理学家斯坦利·米尔格拉姆进行了一项实验，探究德国纳粹政权里虐杀了大量犹太人的军官阿道夫·艾希曼的心理状态。

实验的参加者被分为学生角色与教师角色。教师向学生提问时，如果学生的回答是错误的，教师会给予学生电击惩罚。电击将会在每多一次回答错误的时候增加一个强度。强度最大的时候会到达非常危险的等级。结果表明，即使学生角色痛苦地哀号，半数的教师角色也会遵从实验研究者的指示继续给予他们电击（事实上学生角色是实验协助者，仅仅是装作被给予了电击）。米尔格拉姆想要证明当权威发出指示的时候，人们会无视罪恶感而遵从指示。而结果也印证了他的想法。

人在收到权威者发出的指示后，即使违反道德也会遵从命令

米尔格拉姆实验（艾希曼测试）

研究者

教师角色的实验参加者

啊！

学生角色的实验参加者（实验协助者）

米尔格拉姆实施的实验中，教师角色的实验参加者和学生角色的实验参加者中间隔着一面墙。当教师提出的问题学生回答错误时，教师会给予学生电击惩罚。每一次回答错误都会增强电流强度。研究者告知教师角色"你正在参与一个惩罚是否会提高记忆力的实验"，而事实上这是研究人们是否会服从权威的实验

请继续

服从命令吧

实验协助者的喊叫只是演技

研究者
研究者对教师角色下达给予电击刺激的指示。教师角色即使提出中止实验，研究者也会让其继续，而大多数的实验参加者会选择遵从指示

教师角色
半数以上的教师角色的实验参加者即使知道不会被责罚，也会遵从指示给予电流刺激直到非常危险的等级

学生角色（实验协助者）
学生角色的实验参加者是实验协助者，负责表演被电击的疼痛

05 网络暴力频发的缘由是什么

当赞成的意见得到集中，过激的言论便将持续

发生灾害的时候在社会上会流传大量的谣言，在众多谣言之中以个人为攻击目标的内容也是非常之多。例如，在日本关东大地震的时候，在社交平台上"日本民主党抗议美军的救援活动"的内容传播开来，而民主党的议员却在官方账号上否定了这条内容。

经常会发生类似的以个人或者企业为攻击对象的谣言、网络暴力和诽谤事件。这类谣言由于包含恶意和攻击性往往会越演越烈。

在网络暴力激化的时候，被攻击的对象经常会被过分辱骂。在网上进行网络暴力的人，会从认为这么多人与自己持有相同意见开始，产生"果然自己的想法没有错""更需要自己去惩罚网络暴力指向的对象"的自信，从而更多地去攻击对方，使网络暴力激化。

想法相近的人们聚集起来后，意见会得到强化从而激化成网络暴力

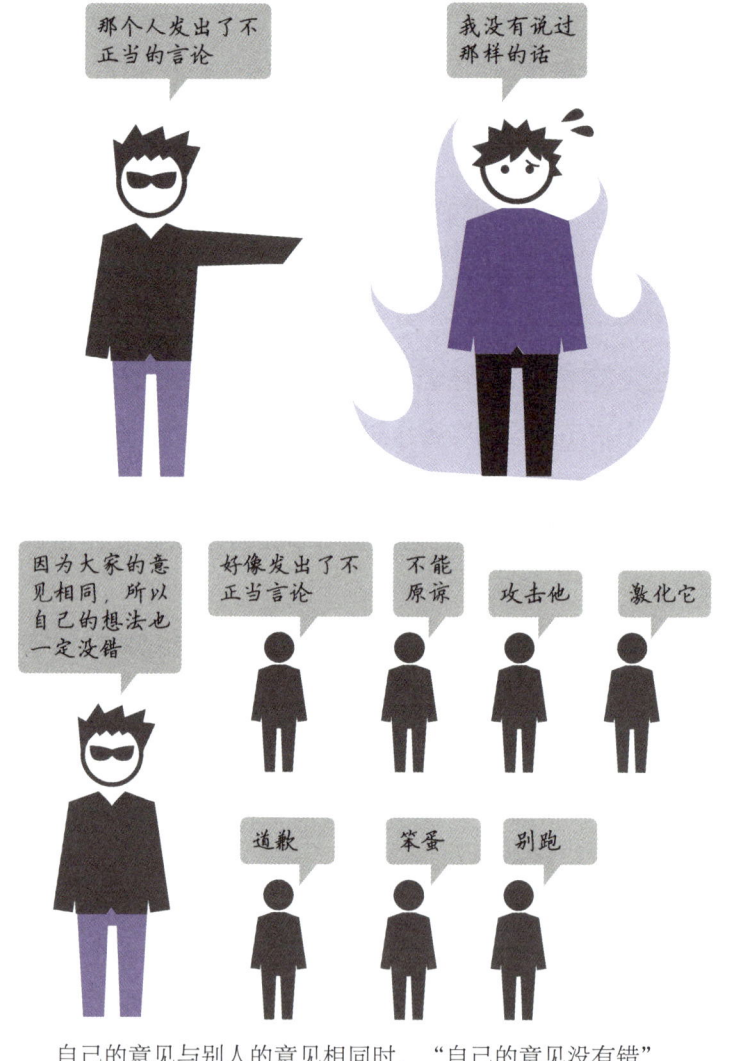

那个人发出了不正当的言论

我没有说过那样的话

因为大家的意见相同，所以自己的想法也一定没错

好像发出了不正当言论

不能原谅

攻击他

激化它

道歉

笨蛋

别跑

自己的意见与别人的意见相同时，"自己的意见没有错"的意识会被强化。在网上很容易找到和自己意见相似的人，这会进一步强化自己的意见。经过一系列如上图所示的发酵后，受到网络暴力的人便会遭到更强烈的攻击

06 引起恐慌的机制

当危机迫在眉睫时,人们会感到强烈不安从而陷入恐慌

在不平静的、发生紧急事态的非正常时期,陷入恐慌的人会非常多。

引起恐慌需要各种各样的条件,当有方法可以解决燃眉之急,但无法保证在场的全员都可以得救的时候,人们就会产生强烈的不安感,从而陷入恐慌。

例如,请想象一艘大船沉没的场景。虽然船上有救生用的船只,但是救生船的数量并不足以让全员都得救。在这个时候谁都会因强烈的不安而陷入恐慌。这会使原本可以获救的人也因此丧命。

为了避免这样的事件发生,我们需要在平时就对灾难的来临做好准备。另外,当危机突然出现的时候,我们也需要预防大家陷入恐慌情绪。比如,大楼着火时,当有一个人开始向建筑的出口奔跑,多数人都会紧随其后地跑向出口,这就会有发生踩踏事故的危险。在事前预防类似这样可能产生恐慌的危机也是非常重要的。

在灾害中发生恐慌的话，原本可以被救的人也会无法获救

什么是恐慌

由于强烈的恐惧、不安，而无法采取冷静行动的混乱状况

遇到船难的乘客如果能乘上救生船就可以获救，但如果无法所有人都乘上的话，大多数人就会陷入慌乱，导致原本可以获救的人们也无法获救

使用老鼠进行的心理实验

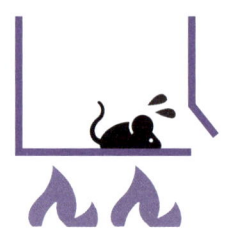

将老鼠A放于盒中，加热盒子的下方，老鼠A会从盒子中的小洞中逃出

然后，将老鼠A与老鼠B一起放入盒中，老鼠A会先从盒中逃出，接下来老鼠B也会从盒中逃出

当放入包含老鼠A的许多老鼠时，不一会儿老鼠们就会挤满洞口，结果没有老鼠可以逃出

07 遇到紧急事态也不避难的心理

认为大家都不逃跑的话就是没事

当发生灾害的时候，明明已经发出了避难通知，但就是有人不遵从。甚至其中有人因此错过了逃脱机会，失去了生命。这可能是因为他们陷入了被称为"多数无知"的心理状态。

多数无知是社会心理学家高尔顿·威拉德·奥尔波特提出的概念。在A与B的选项中，在心中选择了A的人觉得"但是大家都选了B吧"的状况被称为多数无知。其实如果大家好好地商量一下，也许大家是想选择B的，但由于做决定前个体仅仅是在自己心中臆想了大家的想法，所以才造成了多数无知。

明明迫在眉睫也不选择避难的人，即使已经知道发出了避难通知，但由于身边的人们没有逃跑，他便会认为"大家都没有避难的话，一定没事的"。

这样的人，如果看到别人也开始避难的话，就会理解危机即将到来并选择避难吧。

由于自以为是而使得真相变得不明朗的多数无知

多数无知=皇帝的新衣

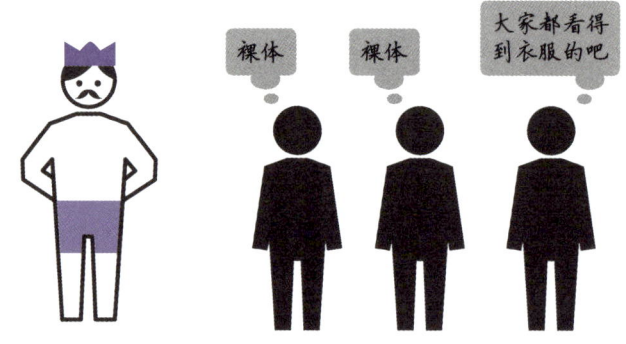

"事实上谁也没相信,但是谁都觉得'大家都相信着'"的状况即为多数无知。认为别人看得到衣服的《皇帝的新衣》就是描写多数无知的故事

当陷入多数无知的时候,人们会认为"别人都没有逃跑的话就没事的",导致在危险真正来临时也不避难

08 想要回避敌人的攻击 那就攻击同伴好了

故意攻击亲人，从而从敌人手中保护亲人

在问题发生的时候，失去冷静的团体为了重整旗鼓，需要一些技巧。

例如，从非常愤怒的A那里保护被毫无理由斥责的B时，最好的方法不是与A对立，这样只会激怒A，从而产生自己也被攻击的危险。在这样的场面中，你反其道地也去斥责B的话会更好。

拿公司里的例子来说，在合作方负责人生气之前，严厉批评说出冒犯言语的下属，对方负责人也不会过多生气。但是如果下属说出冒犯言语而上司什么都没有说的话，对方责任人就可能会对该下属更加愤怒，更有可能会产生"怎么教育下属的"的质疑而降低对上司的印象。为了保护自己人而去批评自己人，之后再通过安慰、说明缘由的方式，可以达到既保护自己人，又维护对方面子的目的。

通过生气冷却对方怒气的高级技巧

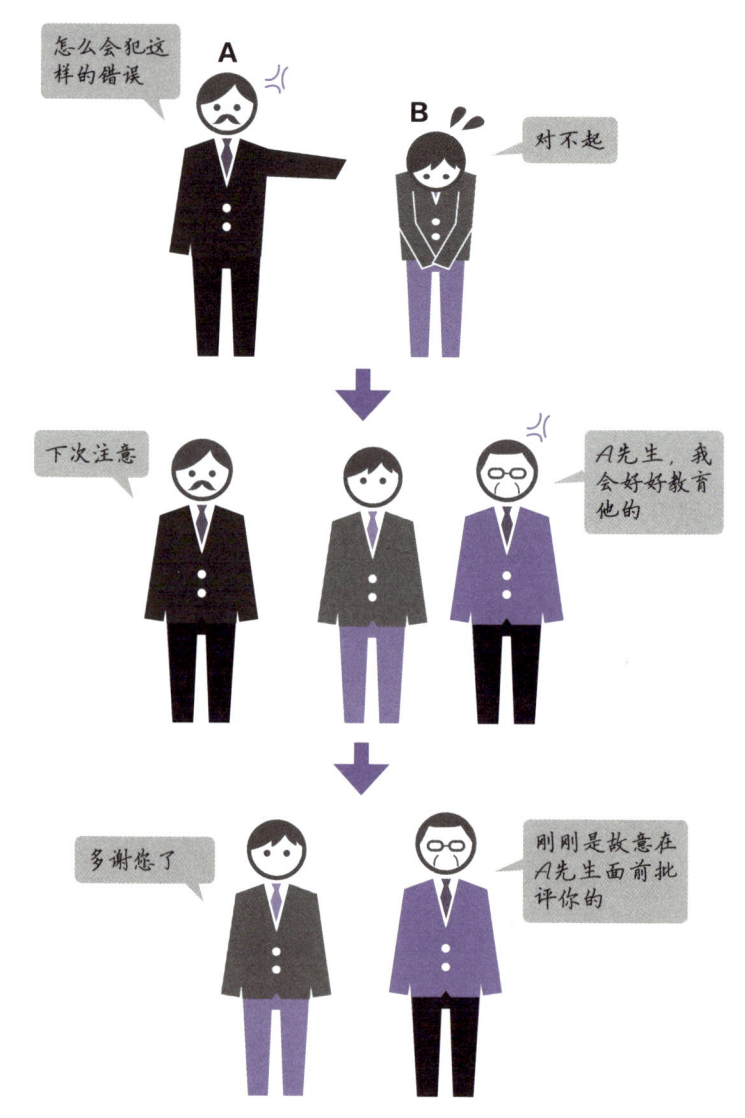

A: 怎么会犯这样的错误

B: 对不起

下次注意

A先生，我会好好教育他的

多谢您了

刚刚是故意在A先生面前批评你的

面对失去冷静而愤怒的对方，下意识地去维护自己人反而会产生负面效果。为了保护自己人而故意去批评自己人的话，反而可以回避对方的怒气

09 被赋予职责的话，心怀不满的人也会活跃起来

获得职位会产生责任感

谣言或者不好的传言也会在组织中流传。起初就对组织抱有不满情绪的人，轻信传言或者谣言的可能性更高。虽然阻止消极传言的传播是困难的，但是去除成员对组织的不满情绪却不是不可能的。最有效的方法，是给予那个人头衔或者职责。

即便是面对清扫工作的志愿者，如果不用"请打扫这片区域"的请求，而是用"请成为这个区域的负责人"的说法，也能通过给予对方头衔的方式满足对方的自尊心。当成为需要负责的角色时，对方会更加认真地工作。

对于抱有不满情绪的人，只需要赋予他一点职责，例如给他头衔的方式就可以安抚。这样做会使其有责任心，让其在不知不觉中自发地为组织工作。并且，当有其他人发出不满的声音时，这个人也会自发地去劝解那些怀有不满情绪的人。

只是改变请求方式，就可以消解对方的不满情绪

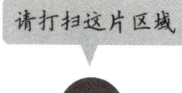

请打扫这片区域

好麻烦

请成为这个区域的负责人

好的

如果有人对组织抱有不满，赋予他职责就可以了。满足了对方的自尊心，对方就会负起责任，为了组织而行动起来

10 赋予工作重大意义的话，人们会自觉采取行动

对怀有不满情绪的人展示工作的重要性

无论哪种规模的组织，为了维持自身的运行都会产生各种各样的工作。其中也会有各种非常不起眼并且无聊的工作，但就算是这样的工作也需要员工去认真实施，否则组织将无法正常运作。但是很多从事这些无聊工作的人会心怀不满。即使表面上不会展现内心的不满情绪，他们也可能会偷懒、潦草行事，或者为了表达对工作的不满而罢工。另外，他们也会变得容易轻信传言以及谣言。为了避免这样的情况发生，让从事无聊工作的员工感觉到工作有值得做的价值是非常重要的。比如，手写贺年卡地址的工作，如果给予其"这是给商业合作伙伴的贺年卡，会作为公司的脸面，是非常重要的工作"的价值，员工也会立即发现这件工作的重要性。

将削减经费的节电行为与"这是为了保护地球环境而作贡献的"崇高的目的相结合，会使员工更加愉快地全力配合工作。

为了使抱有不满情绪的人工作，给予工作崇高的目的是有效的方法

为了使抱有不满情绪的人工作，给予工作崇高的目的是有效的方法

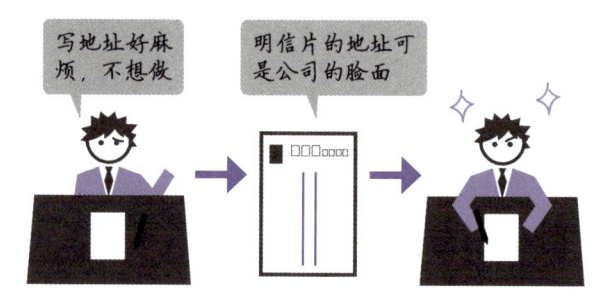

> 写地址好麻烦，不想做

> 明信片的地址可是公司的脸面

手写公司寄出的贺年卡的地址是一件非常辛苦的工作，但是当被告知"因为客户会看，所以这可是公司的脸面"的时候，员工就会感受到这项工作的重要性

> 节电也太小气了

> 为解决环境问题做贡献

提出节电或者节约公司耗材是"为了保护地球环境"的崇高目的的话，大家会更加配合这些行动

当员工内心怀有不满情绪，他们工作的效率会降低，并且会轻信谣言。为了说服无法主动工作的人，给予工作价值是有效的手段

11 使用"确认"替换"命令"的表达，会使属下更容易听从

当被命令时人们会想去反抗

在小组中拜托别人做事的时候，不用命令的形式会更加有效。这是因为人们天生就不喜欢被命令，即使命令的内容是合理的，人们也会产生反抗的情绪。

回忆小时候，你是不是也有过类似的经历？在家里准备写作业时，却先被父母命令"快写作业！"你会立即觉得不快，想着"现在正想去做呢！"而失去干劲。

也有即使知道会被反抗，但不得不发出指示的时候。但是过分严厉地批评反抗命令的人，可能会僵化人际关系，导致之后的工作变得难以进行。

这个时候最重要的是如何提出不被反感的命令或指令。我们不应该使用"去做××"的命令形式，而应使用"能不能快点帮我做一下××"或者"我是不是说过想请你帮我做一下××"等类似向对方确认的表达，如此给人的印象会有巨大的改变。而接收指示的一方也会产生巨大变化，变得可以愉快地遵从指示。

即使是相同的内容，只要改变说法，就会变得容易让人去遵从

从命令改为确认的例子

快去提交材料 → 那个材料帮我交了吗

去联系A公司 → 我有告诉过你想让你联系一下A公司吗

发一下这个快递 → 能帮我发一下这个快递吗

当发出指示的时候，不是使用"去做××"的命令口吻，而是使用"有没有帮我做××"的确认口吻的话，给人的印象会比较柔和，从而使对方更容易听从指示。另外，同样也是确认的形式，"帮我做一下这个事"的口吻会更容易向对方传达自己的指示

12 如何评价不愿合作的人

不愿合作的人认为别人也是不愿合作的人

如果有不愿合作的人存在，团体活动将会停滞或无法成功运行。为了团体的正常运行，知道这类人的特征就显得非常重要。

通过心理学的研究，我们知道了有倾向于思考"这个世界上有许多人与自己的想法相同"的"错误共识效应"的存在。

也就是说，不愿意合作的人认为别人也不愿意合作，而愿意合作的人则认为大家都愿意配合。麻烦的是，让不愿合作的人合作会被对方认为"这里肯定有什么内情，不能放松警惕"，并且他们还会认为愿意配合的人是一群"没有胆量去谋取自身利益，容易被剥削的胆小鬼"。他们会认为配合这种人工作的话只会被小看，所以会拒绝对方所提的请求，认为使对方觉得自己并不是会被轻易压榨的对手才是上策。

想让这样的人来配合工作的话，不能只是去拜托对方配合，而是要让对方觉得合作对双方都有好处，使对方理解合作对他也有帮助才是有效的办法。

若对方是一个不愿合作的人，那么即使好心也不会被接受

愿意配合的人与不愿意配合的人的不同

愿意合作的人 　　　　　　　　不愿配合的人

愿意合作的人认为"这个世界上愿意合作的人占多数"，而不愿合作的人认为"这个世界上都是不愿合作的人"。这被称为"错误共识效应"

好人啊

是不是虚情假意？要是真心的话，那真是个好人

愿意合作的人觉得"愿意合作的人是有良好道德的人"，但是不愿配合的人觉得"愿意配合的人是虚情假意的人"，并认为"愿意合作的人是放弃追求自身利益，容易被剥削的人"

第四章

群体为什么总是朝奇怪的方向行动

每个人在生活中都难以避免地要归属于某个构成社会的集体，每个人都必然会成为某个集体的一员。要了解群体心理机制，必须了解团体中所产生的心理效应。因为作为个体做的决定与作为集体中的一员做的决定是完全不同的。个体会因为受到集体的巨大影响，从而做出违反个体伦理观的决定。

01 当主张被贯彻的时候，多数派的决定也会被颠覆

少数派的意见也有可能改变群体

你所属的组织中的成员开始了非常激烈的讨论。最初是一个没有人赞同、一看就错误的意见，如果我们认为"都不需要特意去否定"而无视它，不知不觉中赞同它的人就可能会慢慢多起来，最后成为无法被忽视的意见。这会使群体向着一个与之前完全相反的方向行进……

你有没有经历过这样的事情呢？在前文（P99）中我们讲过，原则上人们会接纳多数人的意见。但是也会有少数派意见战胜多数派意见的情况。

少数派意见能对周围产生影响的原因是，即使他们被否定也不选择放弃自己的主张，并继续坚持该主张。在少数派的持续坚持下，会出现少数派对多数派意见产生影响的现象，这在心理学中被称为"少数派影响理论"。已经趋于稳定状态的多数意见会在不知不觉中向着完全不同的方向行进（少数派影响）。需要留意的是，这个影响有时候是积极的，有时候是消极的。

当自信满满地坚持自己主张的时候，周围也会受到影响

少数派影响理论的实验

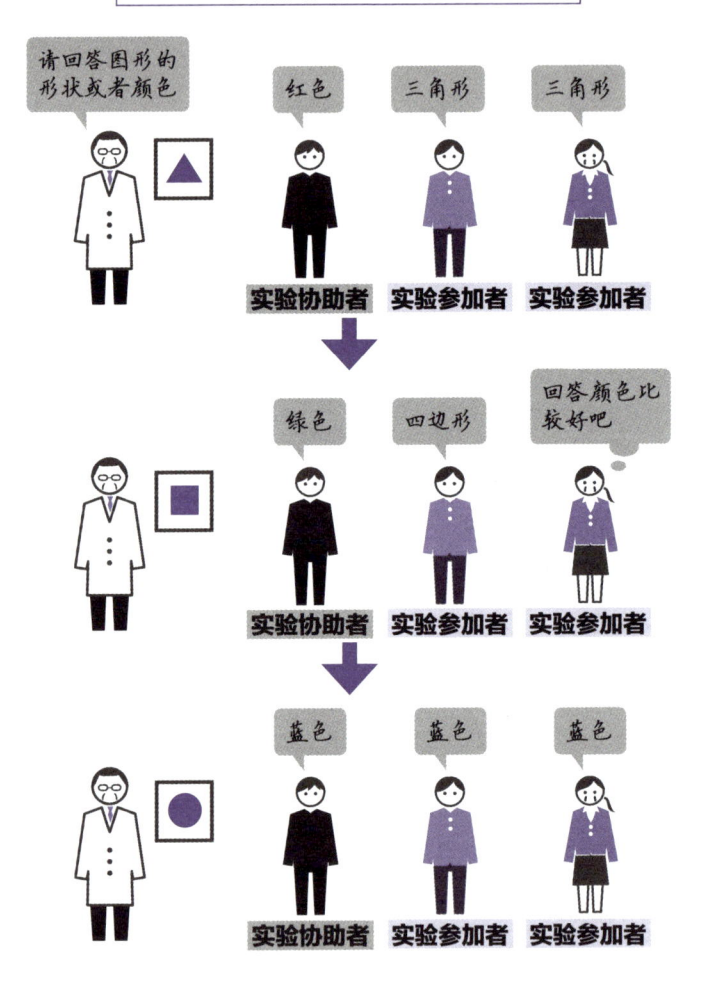

法国心理学家塞奇·莫斯科维奇进行过一项实验，要求实验参加者回答给出的图形的形状或者颜色特征。当参与实验的协助者总是自信满满地只用颜色作答时，其他实验参加者也会慢慢地改用颜色作答

02 从外部看来是可笑的，但在内部看来也可能是正确的

有些规则或者价值观只在某个团体内适用

对特定人与特定事物狂热崇拜的团体被称为"邪教"。有时邪教团体会产生凶杀等悲惨事件。

邪教的价值观、规则从外部看来是令人无法理解或者无法产生共鸣的，但在团体内却是成员共有的。类似这样的规范在心理学中被称为"群体规范"。

群体规范不单是邪教所拥有的特质，在任何团体中都会存在。如果规范是被明文规定的，且在组织中是公共的，则被称为规则，若不成文，则被称为惯例。比如，类似"虽然不是明文规定，但是本公司的新入员工都需要提前30分钟到公司"这样的规范便是惯例。

第四章　群体为什么总是朝奇怪的方向行动

群体规范使成员团结，而破坏规范的人会受到制裁

> 送上司生日礼物是我们公司的规矩
> 这是理所当然的事情
> 给上司送礼物，简直太愚蠢了

在某个团体中成员共同的价值观以及行为准则被称为群体规范。有的时候在团体外的人看来是不可理喻的

> 生日快乐
> 嗯
> 你没带礼物来吗
> 对不起……

群体规范使成员产生共同责任，有的时候成员会对破坏规范的人进行制裁或者责罚

03 团体中为什么会发生考虑不周的情况

封闭的群体往往会得出愚蠢的结论

明明政治家或者官员中有许多非常优秀的精英，但是他们也会有做出明显错误决定的时候。不仅是他们，也有一些团队明明每一位成员都非常优秀，但还是会犯下让人瞠目结舌的错误。

团队思考的结论，比个人的思考更不合理的趋势被称为"团体迷思"。这是美国心理学家欧文·莱斯特·贾尼斯提出的。

团体迷思的发生与团体是否由优秀的个人组成无关，而是团体内交流较为封闭、更难发出反对意见的环境所造成的。另外，毫无根据地过分自信、只收集对自身有利的信息，并且不接受外部意见和不利意见的团体也非常容易陷入团体迷思的困境。

关于如何预防团体迷思，贾尼斯提出了"团体的领导者不要在会议最初就发表自己的意见""讨论时加入外部专家""领导者要确保有时间讨论从团体外部所获得的警告或者意见"3条对策。

过分相信自己从而蔑视周围的做法
会导致愚蠢的失败

团体迷思的特征

团体迷思是作为团体进行思考时会得出非常肤浅并愚蠢的结论的现象。这一概念由心理学家欧文·莱斯特·贾尼斯提出

有意见或者建议的话，请提出来
社长

跟从大家的意见吧
发生遵从别人意见的"同侪压力"

不要引起风浪比较好
观察周围的气氛，从而不发表自己的意见，进行"自我审查"

反对社长意见的话会被调走
存在对反对声音施加压力的权威

其实我持有反对意见啊……
虽然真实想法是反对，但是没有人去表明自己的立场，便会演变为"表面上的意见统一"

我们是最棒的
成员的过度自信是团体迷思的特征

听从小组的决定
优先遵从小组的理念与大义。会认为"为了理念即使是违反法律也是没有办法的事"

竞争对手不怎么样
有着认为自己的团体非常优秀，从而蔑视其他团体的倾向

04 人会自然而然地服从组织

组织或者上司拥有使人服从的力量

有时，欺诈或者背地里勾结等企业黑幕会被揭发。与企业内部黑幕有关的员工中，也有受到良心谴责、其实"原本不想做这样的事情"的人。

虽然内心讨厌但是行为上表现为服从的现象被称为"外部影响"。与此相反，内心也希望去服从的现象则被称为"内部影响"。受到外部影响或者内部影响驱使服从他人时，会有一种力量使人不得不屈服。

心理学家约翰·R.P. 弗兰奇与伯特伦·雷文称这种力量为"社会性权力"。以此为基础，社会性权力被弗兰奇和雷文分为5类，分别是：给予惩罚的"强制性权力"、给予报酬的"奖赏性权力"、自带权威的"专家性权力"、约定俗成的"法定性权力"和充满个人魅力的"参照性权力"。

根据力量种类的不同，有时即使与内心的期望不同，人们也会服从组织（上司）。

组织内领导使属下服从的力量
不只1种，而是5种

5种社会性权力

社会性权力是使对他人的服从成为可能的心理

奖赏性权力

通过给予报酬的力量使其服从

专家性权力

通过解决求助者自己无法解决的问题使其服从。比如医生、律师、大学教授等

强制性权力

通过给予惩罚使其服从。比如上司、教师或父母

法定性权力[1]

使人认为听取对方的话语是正确的，通过上下级关系使其服从。比如上司或者前辈

参照性权力

通过个人魅力使对方服从。比如宗教领袖、拥有人气的艺人、大企业的经营者

[1] 这种权力区别于强制性，与强制性权力的完全被动相比，可以认为是对组织中成员的权威或职位的认可、接受。——译者注

05 日本社会为什么会枪打出头鸟

在成立组织的时候根据能力排序会被轻视

　　一个运作不佳的团体的常见问题，就是成员的真正能力没有被恰当评价。本可以通过合理运用成员能力解决的问题，也会由于没有把成员放到正确的位置，导致其无法解决。为什么能力无法被恰当评价呢？

　　这个问题的原因是母性原理。被母性原理所驱动的组织中，全体成员都被平等地对待。平等被认为是好事，但是由于这个时候成员的能力高低没有被重视，因此即使有能力的人也无法处在比较高的位置。而且就像俗语"枪打出头鸟"一样，这类组织有一种趋势就是能力特别突出的人在后退。一般来说，日本社会被认为是母性原理型的。日本公司通常实行年功序列制度（通过工龄去提薪、判断成员价值），这也是受母性原理驱动的。虽然母性原理对成员有亲切的一面，但是我们也要知道它有无法活用或者说无法正确使用成员能力的缺点。

拥有优缺点两面性的母性原理

由母性原理形成的年功序列制度

由父性原理形成的绩效制度

母性原理的组织不重视成员的能力，年功序列制的公司就是其中的典型。相反，重视成员能力的是父性原理的组织，由此成立的公司采用绩效制度

母性原理的优点、缺点

成员被平等对待，不会引起纷争，有利于培养相互合作的能力。另外，会产生"枪打出头鸟"的趋势，不利于能力高的人发挥自身优势

06 "共同责任"就是没有责任,所以会出现偷懒的人

相关责任人的数量增多,就会出现偷懒的人

组织与团体的优势之一是能够完成一个人不可能完成的事情。与之相反,它的缺点是当多人共同参与的时候,个人对于工作的责任感会变得淡薄。这种情况下的偷懒被称为"社会性懈怠"。社会性懈怠是由法国农业工程学者马克斯·瑞格曼因偶然进行的实验而提出的,所以也被称为"瑞格曼效应"。

实验调查了在拔河等共同作业中个人表现的情况,这项实验发现当参加拔河的人数越来越多时,个人贡献的力量却减少了。这是因为在人数较少的情况下,即使有一点不认真也会被发现,但是当人数比较多的时候,人们就会有意或者无意地出现"自己一个人稍微偷懒一点也不会被发现""自己稍微少出点力也不会对胜利有影响"的想法。所以说,由多个人承担连带责任,会导致个人责任感低下。

图解谣言心理学：当理性个体成为乌合之众

随着参与者的增加，个人的表现在降低

瑞格曼效应

有一点松懈的话就会被发现啊

不使出全力就会输

当人数增加的时候

我一个人偷懒也不会被发现吧

稍微偷懒一点对比赛也没什么影响吧

法国农业工程学者马克斯·瑞格曼调查了参与拔河等团体作业时个人的表现。结果是，参与人数越多，个人所发挥的力量会越低

心理学家拉塔尼也进行了一项关于社会性懈怠的实验。虽然指示了实验参加者一边大喊一边鼓掌，但当被告知"除了你以外许多人也在同时发出声音"时，实验参加者发出的音量会降低。这也说明了人数的增加导致了个体的懈怠

07 集体的意见会出现两极分化的原因

比起安全的选项更喜欢具有挑战性的选项

　　团体在决定活动方针的时候，会进行沟通。虽然一般认为在多人进行讨论时，较为极端的意见会被抑制，但是在采取暴力手段的环境保护组织等团体中，持有极端想法的人不在少数。作为团体，所做出的决定却是向极端的方向行进的现象被称为"群体极化"。当发生群体极化的时候，比起个人做决定时，团体更可能会做出高风险的决定。这被称为"风险转移"。但是，当团体中偏向做安全选项的人增加时，结论也会向安全的方向倾斜。这被称为"谨慎偏移"。

　　团体做出的决定会变得极端的原因有几种说法，比如，某人为了展现自己比其他成员更好，从而给出了更加极端的意见，当大多数成员都这样做，最后的结果就是集体的决定变得极端化。

在群体中讨论会更加倾向于得出极端的结论

群体极化

"应该冒风险啊……"　　"应该冒风险"

在詹姆斯·斯托纳的实验中,当实验参加者被问到"是否应该朝有风险但报酬高的工作跳槽?"的时候,与一个人作答时相比,小组在讨论后会更倾向于采取有风险的选项。类似这样在团体中所做出的决定、结论更加极端的现象被称为"群体极化"的"风险转移"

群体极化形成的原因

在讨论的时候,多数派的意见会在多数派的成员间加强,最后导致了意见本身也被强化

想要比小组中其他成员表现得更好。所以与其他成员相比会提出更加极端的意见,这也是意见极端化的原因之一

认为自己与团体是一体的,服从于团体的决定。这个结果也会导致最终的意见变得极端

08 集体的决策是怎样慢慢地走向错误方向的

为了维持团体的统一，人们会攻击与自己不同的成员

心理学家迈克尔提出的黑羊效应，为研究有时会出现霸凌的组织中的人际关系提供了参考。

黑羊效应是指，团体对无法融入团体的人不承认其为成员的倾向。就像一只难以融入一群白羊的黑羊，会因为与众不同而被排挤出羊群。

迈克尔的研究表明了，比起外部成员，团体对内部成员会更加严厉，即使是做了相同的行为，团体成员也更可能会原谅外部成员，但是不会原谅内部成员。这被认为是黑羊效应驱使团体维持组织特质所造成的结果。

由于黑羊效应，当组织中有人提出了与多数意见相左的意见时，他就会被攻击。这便造成即使团体做出了很明显的错误决策，从内部指出问题和进行批评也会变得困难。

异类会被视为累赘被团体排除

黑羊效应

在英语惯用句中的"黑羊"在团体中有害群之马的意思。就像对待无法融入白羊群的黑羊一样,排除无法融入团体的人的倾向被心理学家迈克尔称为"黑羊效应"。

成员的评价会变得极端化

对团体外的成员

也会有这样的人呢

也会有这样的人呢

对团体内的成员

不能原谅

好棒、好厉害

当黑羊效应发动的时候,对于团体成员的评价会变得极端。比如,某个非常注重修养与仪容的团体,对待非常不修边幅的人物A(不是团体内的人物)与人物B(团体内部成员)的时候,与A相比团体对B的评价会更加差。但是对待非常注重修养以及仪容的人物C(不是团体内的人物)与人物D(团体内部成员)的时候,通常对D的评价会比对C的评价更高

09 组织间的对立

团体与团体之间的敌意是如何被强化的呢

当竞争对手出现的时候，团体内部会更加团结，对对方的敌意将难以消失。也有实验证明了这个现象。

心理学家穆扎弗·谢里夫进行了罗伯斯山洞实验❶。罗伯斯洞穴为一个野营地的名字，心理学家聚集了11～12岁的22名少年，将他们分为两组，在野营地实施了此实验。分别加强了两组人的伙伴意识后，研究者告知了两个小组另一组的存在，之后又分别传达了会有一场体育竞技比赛的消息，各队对对方成员就此产生了敌对意识。虽然在团体内增强了团结性，但是对对方团队产生了强烈的敌视感，并出现了激烈谩骂对方团队的行为。

对对方团队的敌意即使在比赛结束后且一起游玩之后也没有消散，彼此的鸿沟反而加深了。消除了对对方的敌意的是之后的共同工作。两组的共同目标是移出陷入泥潭的卡车，这个时候两个团队的成员间第一次萌生了伙伴意识。

❶ 原文"泥棒洞窟实验"，即"小偷洞穴实验"。——译者注

当没有共同目标时，无法消除团体间强烈的敌视情感

在罗伯斯山洞实验时产生的敌意与友情

将11~12岁的少年分为了两个小组，在一个被称为罗伯斯洞穴的野营地进行了夏令营。最初没有告诉他们有其他小组的存在，并通过两组分别进行郊游加强了组内成员的伙伴意识

VS

之后告知两组成员另一组的存在，并通知他们会有一场有奖品的比赛。随着比赛的进行，两组都对对方组产生了强烈的敌意，并且加强化了小组内的伙伴意识

比赛结束后，进行了两组的交流会。虽然一起观看了电影、聚了餐，但是反而激化了小组间的矛盾并产生了口角。之后两组成员共同进行了一场对陷入泥潭的卡车的救助行动，最终消除了敌意，并产生了强烈的友情

10 即使人们发生亏损也会优先考虑组织的利益吗

即使不合理，也会优先袒护自己的团体

一个对于个体来说有着强烈归属感的群体被称为"内群体"。个体对于属于相同群体的成员抱有善意的倾向被称为"内群体偏好"。比如，会对从来没有见过面但是毕业于相同大学的人抱有亲近感，这就是内群体偏好的一个例子。

心理学家亨利·塔基菲尔进行的实验中也发生了内群体偏好的现象。这个实验将实验参加者按照他们喜欢两幅画中哪一幅的简单标准分为两组。就像这样，即使用来区别内群体与外群体（不是自己所属的群体）的理由并不充分，实验参加者也会采取符合己方群体利益的行动，而减少使对方群体获利的行动。

就像在这个实验中所观察到的一样，内群体与外群体的区别，会有产生神圣化自己的民族，差别对待、排除其他民族的民族中心主义的危险。

即使自己不会获利，也会采取使对方利益减少的行动

关于组内偏爱的实验

- 实验参加者被分为"喜欢画家克利的绘画"组与"喜欢康定斯基的绘画"组
- 实验参加者全员匿名，并且不知道谁属于哪个团队

克利的画　　　康定斯基的画

与参加实验的酬劳有关的得分由实验参加者在两个团体间分配。两个团体的成员在以下表格中的分数数值间做选择。实验参加者会倾向于选择可以拉大自己的群体（内群体）与对手群体（外群体）的分数差距的数值组

15分由2人分别获得　　外偏爱 ←――――――――→ 内偏爱

内群体成员所获得的分数	1	2	3	4	5	6	7	8	9	10	11	12	13	14
外群体成员所获得的分数	14	13	12	11	10	9	8	7	6	5	4	3	2	1

以26分作为中位分扩大分差　　最大分差 ←――――――→ 最大内群体利益、最大共同利益

内群体成员所获得的分数	7	8	9	10	11	12	13	14	15	16	17	18	19
外群体成员所获得的分数	1	3	5	7	9	11	13	15	17	19	21	23	25

自己选择的分数数值是不会让其他参加者知道的，即使对于自己来说没有利益但也会给予内群体成员高分，这是因为受到内群体偏好的驱使

11 有什么办法使少数胜过多数

当团体寻求变革的时候就该少数派出场了

如本章第1篇（P121）所介绍的，也会有少数派意见影响多数派的时候。如果少数派贯彻自己的意见，坚定地主张自己的意见，就会影响多数派的意见，从而使团体的想法获得改变。

少数派将多数派的意见完全推翻，换个角度来说就是多数派败给了少数派，但这不仅是单纯的胜负，事实上吸取少数派的意见对于多数派来说也是有好处的。

属于同一团体的成员，即使意见有相左的地方，但多数派与少数派的共同点仍很多。当多数派意见需要变革的时候，就会积极地参考、吸取少数派意见。这个时候少数派意见会更容易获得赞同。虽然少数派的特征也许是特异的，但是换一种说法就是革新。对于发展停滞的团体来说也许会是进步的催化剂。

第四章 ——群体为什么总是朝奇怪的方向行动

多数派与少数派也会有共同点
也有伙伴意识

多数派吸取少数派意见的好处

多数派的特征是保守，少数派的特征是革新。当团体希望更上一层楼的时候，少数派的意见就会成为利器

因为属于同一个团体，多数派与少数派也会有许多共同点。所以互相也有伙伴意识，多数派也会更容易接受少数派的意见

当没有反对意见的时候，会有陷入"群体迷思"的危险，但是吸取少数意见的行为可以避免"群体迷思"

12 | 会议时座位的变化 意味着关系的变化

团体讨论失控是因为座位顺序吗

在团体讨论前，明明头脑中进行了许多场模拟，但是讨论流程还是变成了与想象中完全不同的样子。有这样经验的人也不在少数吧。其实为了使讨论可控，会议中的座位也是非常需要注意的。

美国心理学家司定泽在一项关于会议的法则中提出"如果会议中有以前讨论时的对手，人们会倾向于选择坐在其正对面""当会议主持者的领导力较弱的时候，会议参加者会与自己正对面的人进行私语；当主持者的领导力强的时候，他们会与自己邻座的人私语"。

如果主持会议者的领导力较弱，并想消除会议中说悄悄话的现象的话，那就将与私语的人关系不好的成员安排在其正对面的位置就可以了。下页图解中会介绍其他的位置倾向，掌握了这些知识的话，各种讨论会、工作会议也会变得容易控制吧。

会议中的座位表现了各种各样的心理

司定泽的理论

心理学家司定泽所提出的会议中的心理法则

关于这个意见我持反对态度

我们倾向于坐到曾经发生过争论的对手的正对面

在某项发言后,比起赞成意见反对意见会更多

会议主持者的领导力较弱的时候,会议的成员会与正对面的人私语,而主持者的领导力强的时候,人们会与自己邻座的人私语

通过座位所表现出的人际关系

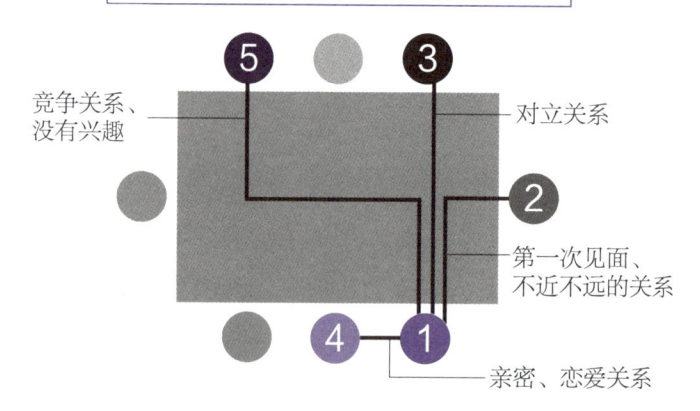

- 5 — 竞争关系、没有兴趣
- 3 — 对立关系
- 2 — 第一次见面、不近不远的关系
- 1 — 亲密、恋爱关系
- 4

根据座位的位置,可以推测自己(❶)与对方的关系。反过来思考,如果想与对方保持亲密关系的话那就选择❶、❷的位置。

13 当被贴上"标签"时，自然而然地会像"标签"一样行动

若你觉得不行，就会真的变得不行

团体向失常的方向发展的原因，可能是没有培养成员成长或无法使成员的真实实力得到发挥等。没有获得领导者或者周围成员的期待，而被扣上"你就只有这样的水平"的帽子，会使得成员无法获得成长，无法发挥自己的能力。

我们可以通过美国心理学家罗伯特·罗森塔尔所进行的实验明白"皮格马利翁效应"对人的影响。当教师对学生抱有期待的时候，学生的成绩便会得到提升。

皮格马利翁效应会对团体产生正面的影响，但同时也存在与其完全相反的现象。当教师觉得"这个学生是不值得期待的"并且抱着这种心态对其进行教导的话，学生的成绩自然也会下降。这被称为"戈莱姆效应"。如果成员都是能人，团体却无法良好运作，那么就有可能是因为领导将负面的帽子扣在了各个成员身上。

当领导对属下没有期待，成员的才能是无法发挥的

皮格马利翁效应

> 真是有希望的孩子们啊
> 是这样啊

心理学家罗森塔尔告诉实验参加者的老师"这些是成绩会提高的孩子们"，事实上这些学生们的成绩确实提高了。这可能是孩子们意识到了老师期待的目光，并努力学习了的结果。但是也有批评声指出这个实验无法被重现

戈莱姆效应

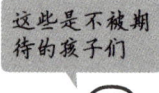

> 这些是不被期待的孩子们
> 是这样啊……

也存在与皮格马利翁效应完全相反的现象。当教师抱着"这些学生是不值得被期待"的想法与学生们相处的时候，与这个想法相应的是学生们的成绩也会下滑

皮格马利翁与戈莱姆是什么？

皮格马利翁是希腊神话中登场的国王。与自己雕刻的雕像相恋，请求女神赐予雕像生命。戈莱姆是犹太教中传说的泥人，由咒语所驱动，当去除其额头上的护符中的一个字时其就会停止活动

结尾　群体心理学非常的简单、易懂吗

读完了这本书，你感觉如何呢？

想弄清楚"群体心理"，只是知道整体是不够的，还需要知道个体的心理，以及当个体属于一个团体时心理的变化，这是需要读者们去理解的。

在这里介绍一下关于"群体心理"的定义，这个定义是法国的心理学家古斯塔夫·勒庞所提出的。

同时也是社会学家的勒庞认为，许多人的情绪是变化莫测、难以琢磨的，他将"群体"定义为：

·群体是冲动的，容易被动摇的，容易被激化的。

·群体是容易被暗示，并且容易上当的。

·群体的感情表现是夸张的，也是单纯的。

当看到这样的定义的时候，就像真的看到了一个如此这般的人。而且是幼稚的、易被感情操纵的、像一个孩子一样的人。这并没有说错。当社会处于不安定的时候，或面临巨大威胁时，就更会表现出这种倾向。

虽然不想承认，但即使是一个自认为非常理性的人，当成为团体中的一员的时候，他在心理效应与周边的压力、偏见等影响下也会变为一个像孩子一样思考的人，并且即使知道自己会变得如此，他也不得不与环境采取相同的行动。

作为这样群体中的一员，为了不被周围环境所操控，我们需

要成为操纵群体的决策方。以下将讲述勒庞提出的方法。

"操纵群体的方法典型有以下3个，分别是断言、重复、传染。"

不展示推理的过程与论据，而只是通过"断言"将想传达的内容渗入群体中，之后再通过"重复"使内容刻入脑中。当"断言"的内容被充分重复后，会成为一股势力，最终可以"传染"给更多的人。明白这个模式后，是不是会有人想起臭名昭著的德国纳粹？这个方法，正是在群体中产生独裁者时被发现的。

接着我们回到现代社会。现代的群体是媒体与各种社交平台。不仅在现实社会中，在网络中聚集起来的人，也会产生群体心理。媒体通过互联网进行"断言""重复""传染"，在社交平台上促进了谣言的扩散。

是的，社交平台上的"谣言"不止步于传言、谎话，也能成为误导人们的工具。即被谣言所操控的人们，被一个看不见的领路人所操纵。希望你通过充分理解谣言的构造和个体在群体中的心理活动，成为一个在现在这个时代状况下绝对不会失去自我意志的人。

齐藤勇